聊城圖

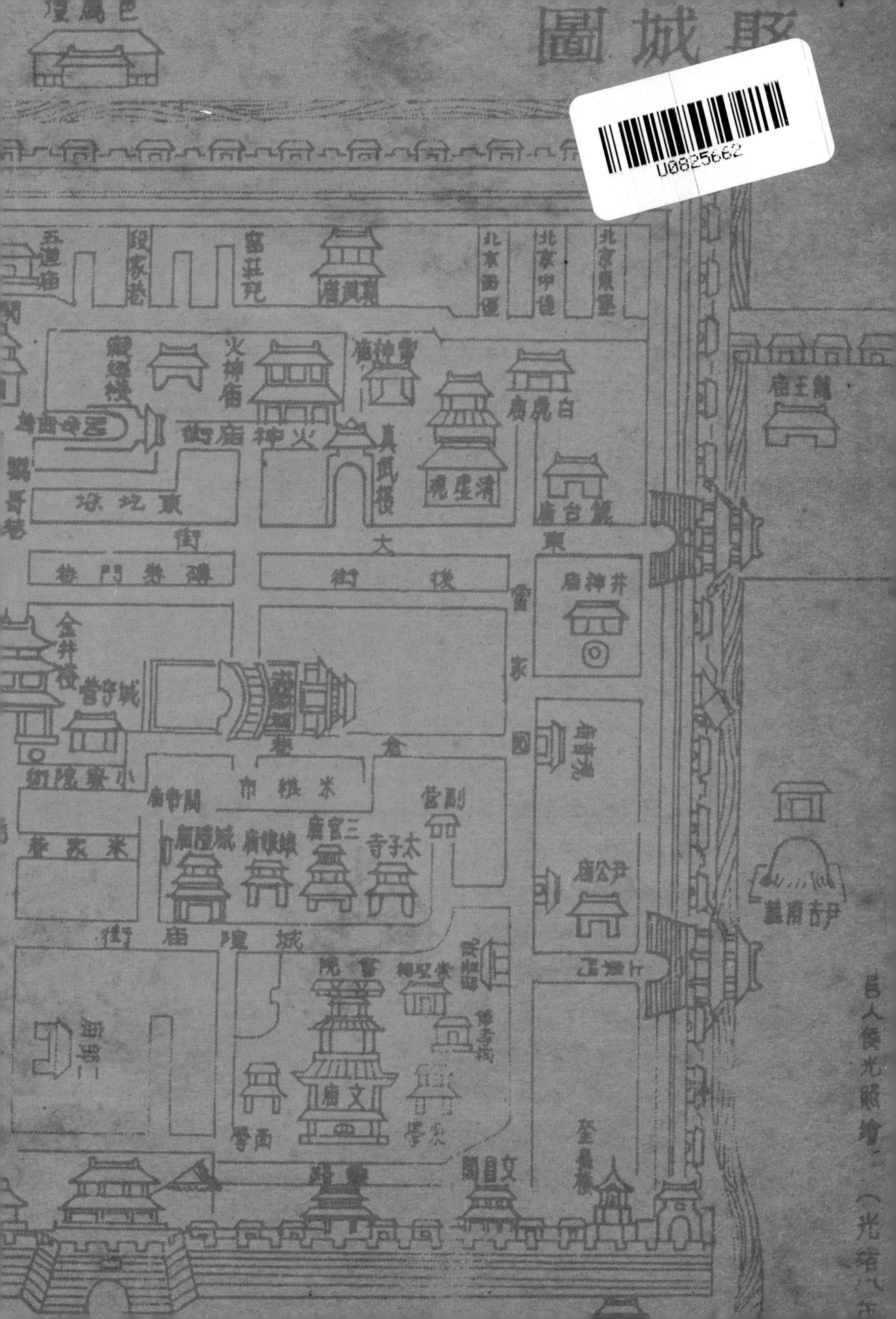
火神廟
城隍廟街
城隍廟
三官廟
太子寺
文廟
白虎廟
井神廟
尹公廟
金井樓
城守營
副營
北京西堡
北京中堡
北京東堡
邑人侯光照繪（光

中国方言民俗图典系列·第一辑
编委会

国家出版基金项目
NATIONAL PUBLICATION FOUNDATION

“十二五”国家重点图书出版规划项目

中国方言民俗图典系列·第一辑

主编 侯精一 李守业 曹志耘

平遥方言民俗图典

冯良珍 白静茹 侯立睿 著

语文出版社
·北京·

图书在版编目（C I P）数据

平遥方言民俗图典 / 冯良珍，白静茹，侯立睿著
. -- 北京 ： 语文出版社，2014.12
（中国方言民俗图典系列. 第1辑）
ISBN 978-7-80241-711-3

Ⅰ. ①平… Ⅱ. ①冯… ②白… ③侯… Ⅲ. ①方言－介绍－平遥县②风俗习惯－介绍－平遥县 Ⅳ. ①H172.2②K892.425.4

中国版本图书馆CIP数据核字(2014)第118651号

策划编辑	慈　舒　傅雪梅
责任编辑	金春梅
装帧设计	奇文云海·设计顾问
出　　版	语文出版社
地　　址	北京市东城区朝阳门内南小街51号　100010
电子信箱	ywcbsywp@163.com
排　　版	奇文云海·设计顾问
印刷装订	北京顺诚彩色印刷有限公司
发　　行	语文出版社　新华书店经销
规　　格	787mm×1092mm
开　　本	1/16
印　　张	20.25
字　　数	382千字
版　　次	2014年12月第1版
印　　次	2014年12月第1次印刷
印　　数	1-1,500
定　　价	98.00元

010-65253954(咨询) 010-65251033(购书) 010-65250075(印装质量)

〔总序〕

现代方言民俗文化是中华民族文化的延续、依托。它作为传统文化渗透、蔓延于当今社会生活的多个层面。现代方言民俗文化又是重要的非物质文化遗产资源。随着社会的快速发展，不少方言民俗已经消失或面临消失。因此，调查和挖掘这些非物质文化遗产资源，意义重大，时不我待。

“中国方言民俗图典系列”（第一辑）是2010年度国家出版基金资助项目，2011年列入“十二五”国家重点图书出版规划。第一辑共计十卷，涉及官话、晋语、吴语、徽语、粤语、平话、闽语、客家话等八个方言区。各卷内容主要包括房舍建筑、日常用具、服饰穿戴、饮食起居、农工百艺、婚育丧葬、岁时节令、游戏娱乐、宗教信仰等。

“百里不同风，千里不同俗，户异政，人殊服。”（《汉书·王吉传》）方言民俗是地域文化的重要内容，具有明显的地方性。以民居文化为例，各地多有不同，如北京的四合院，平遥的窑儿、四合头院、二（三）进院，汤溪的屋、老屋，梅州的围龙屋、碉楼，揭阳的四点金、下山虎。“中国方言民俗图典系列”融合现代方言与各地民俗文化，采用方言词语加注国际音标并配以图片的方法，反映和保存现代方言与其所承载的地方民风与民俗，是方言研究与民俗文化研究相结合的有益尝试。

城镇化的发展，势必带来传统村落的消亡，以及与此伴随的民俗文化的消失。“中国方言民俗图典系列”（第一辑）的出版，正是对濒临消失的“一种传统”“一种民族符号”以至“一种语音”的有效保存，无疑具有重要的历史意义与人文价值。以下略举数例：

在《平遥方言民俗图典》中收有“墙围子”“炕围子”两个条目及相关的文字说明和图片。

墙围子 [tɕyə^{13}uei^{31}tsʌʔ^{13}]　房间内墙壁上用油漆制作的装饰性彩色围墙。制作方法是，先以麻纸贴墙，绘画打底，再刷以油漆。其位置在第十八层墙砖之上，高约50厘米。（当地称作“十八层缠腰”）边框多以回纹组成，寓意“富贵不断头”。所绘内容多为山川景致、花卉人物及神话传说，如二十四孝图等。内涵丰富，寓意深厚。

炕围子 [kʰuə^{35}uei^{53}tsʌʔ^{31}]　沿炕用油漆制作的彩色围墙图画，既美观且实用，极具装饰性。制作方法及所绘内容与“墙围子”同。

“墙围子”“炕围子”又称作“民间墙围画”。墙围画始于宋代，发展于明清之交，至今流传于山西、陕西、内蒙古等地区。晋北原平县的墙围画素负盛名，中国美术馆曾予以收藏、展出。

从《平遥方言民俗图典》收录的条目与图片中还可看到平遥保存的以“卍”为标识的吉祥文化。如正月初八祭星蜡烛摆成的“卍”字、出殡时曾孙包头上的“卍”字等。“卍”，音wàn，梵文，意为吉祥万德之所集。（见《辞源》《辞海》）“卍”崇拜现象作为传统地域文化的缩影在今平遥随处可见。（冯良珍、陈晨《平遥民俗中的卍崇拜现象探析》，《中原文化研究》2014–2）

《汤溪方言民俗图典》有关于“五道太婆”的记载：“在笔者的家族中，也流传着一个‘五道太婆’[ŋ^{11}də^{11}tʰɑ^{24}bɤ^{0}]的传说，相传她是蛇精所化的神，擅搬运之术。”山西平遥方言有“五道爷”[uʌʔ^{53}tɔ^{35}iɛ^{13}]、“五道娘”[uʌʔ^{53}tɔ^{35}ȵiɑ^{13}]（传说中的神灵）。北京有五道庙，在西城区铁树斜街与樱桃斜街之间的路口处。五道神早在汉魏典籍中就有记载，唐宋以后对该神的信仰已深入民间，到明清时则更为普遍。（薛文礼、郭永平《晋北部落村的五道神：民间信仰的“冷热”反思》，《民族文学研究》2011–3）各地方言民俗有关五道神的不同说法，是宗教文化的历史积淀在不同地域文化中的显现。

“中国方言民俗图典系列”（第一辑）各卷的作者对当地方言文化素有研究，为做好本项目，于紧张的教学之余，多次下去进行调查、拍摄图片，几易其稿，备尝辛苦。限于篇幅，每卷只能选用一定数量的条目及相应的照片，其余只好割爱。我们期待这套书的出版，能引起社会对保存方言及方言民俗文化的关注，尽可能为后人留下一些珍贵的历史文化资料。

侯精一　李守业　曹志耘

于2014年初春

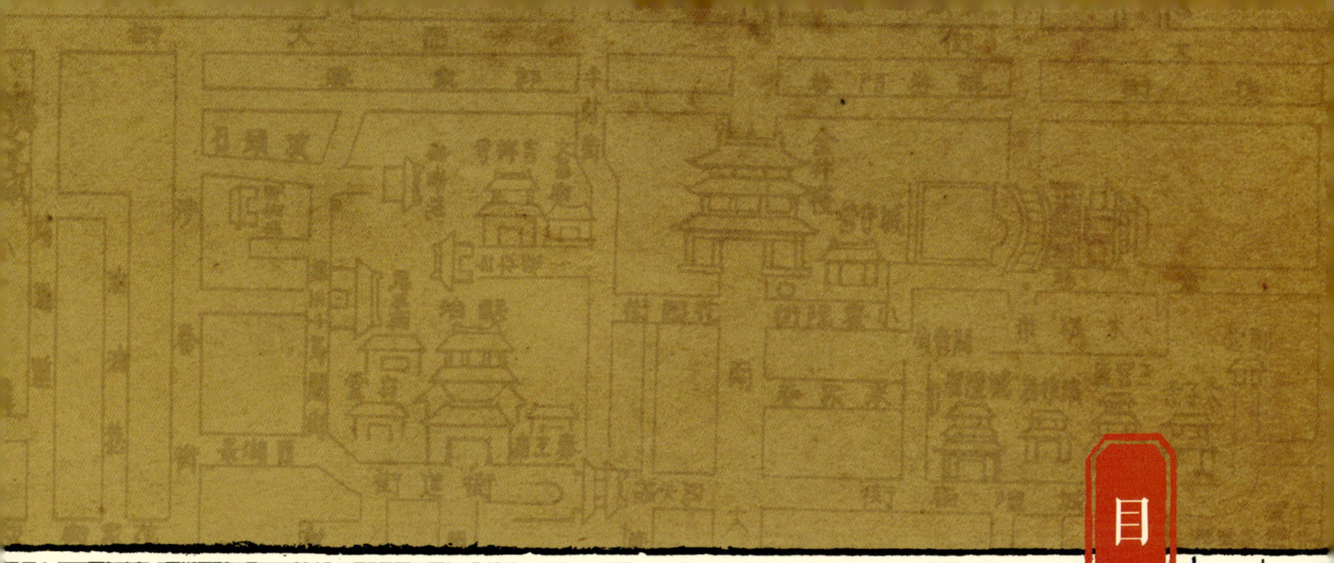

目录

〔引 言〕

一　本地概况

平遥县位于山西省中部，在太原盆地西南、太岳山之北、太行山与吕梁山之中、汾河东岸。地理坐标为东经 112° 12' ~ 112° 31'，北纬 37° 12' ~ 37° 21'之间，海拔 754.8 ~ 762 米。平遥县现属晋中市，东接祁县，西邻汾阳县，北连文水县，西南与介休市接壤，东南与武乡县、沁县毗邻。全县平均南北长约 40 公里，东西宽约 30 公里，面积 1260 平方公里，耕地 76 万亩。现全县划为 5 镇 9 乡 3 个社区，共 273 个行政村，据 2010 年 11 月 1 日零时第六次人口普查，平遥县总人口为 50.27 万。(据平遥县政府官网所载)

平遥古城是一座具有 2700 多年历史的文化名城，是我国目前保存最为完整的古县城之一，也是我国目前唯一以整座古城申报世界文化遗产获得成功的古县城。1986 年 12 月 8 日，被列入国家历史文化名城；1997 年 12 月 3 日，被联合国教科文组织确定为世界文化遗产，正式列入《世界遗产名录》。平遥古城包括三个部分：一是以古城池与古城墙为界的范围内的整个老城区；二是位于县城西南 6 公里处的双林寺；三是位于县城东北 15 公里处的镇国寺。三个部分同属平遥古城世界文化遗产。

平遥古城始建时间可追溯至周宣王时期，相传为尹吉甫率军所驻。《平遥县志》(清光绪八年)“城池”一节记载：“旧城狭小，东西二面俱低。周宣王时，尹吉甫北伐玁狁，驻兵于此，筑西北二面。明洪武三年重筑，周围十二里八分四厘，崇三丈二尺，濠深广

图0－1 平遥古城门

各一丈。”

平遥城墙的修建，因地制宜，重视防御。现存的平遥古城完整保存了明代原貌，古城区总面积 2.25 平方公里。城墙四周有城门六座，南北各一，东西各二。东西门外均筑有附属的瓮城，形如乌龟的头尾和四足，并且城内街道布局亦颇似龟背纹格，故有“龟城”之称。古城内有“四大街、八小街、七十二条蚰蜒巷”，构成了城内四通八达的通行网络。全城建筑以市楼为中心，南大街为中轴线，东西对称。城内有全国重点文物保护单位 11 处，如古城墙、镇国寺、双林寺、清虚观、文庙大成殿、日升昌票号旧址等。另外古城还有许多碑刻、琉璃建筑等。

CONVENTION CONCERNING THE PROTECTION OF THE WORLD CULTURAL AND NATURAL HERITAGE

The World Heritage Committee has inscribed
the Ancient City of Ping Yao
on the World Heritage List

Inscription on this List confirms the exceptional and universal value of a cultural or natural site which requires protection for the benefit of all humanity

6 December 1997

译文

联合国教科文组织
关于保护世界文化和自然遗产的公约

世界遗产委员会已将**平遥古城**列入《世界遗产名录》。

列入该名录即确认一个文化或自然区域的特殊和普遍价值，并且要求为了全人类的利益对其进行保护。

列入日期：1997年12月6日

联合国教科文组织总干事　　马约尔

图0－2 世界遗产名录证书

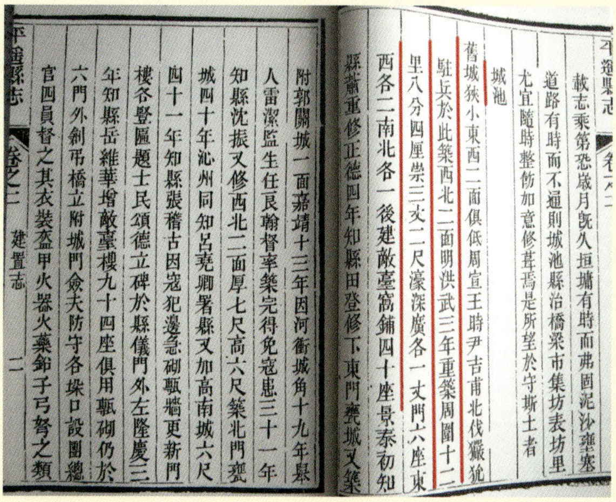
載志乘第恐歲月既久垣墉有時而弗固泥沙壅塞
道路有時而不通則城池縣治橋梁市集坊表坊里
尤宜隨時整飭加意修葺焉是所望於守斯土者
城池
舊城狹小東西二面俱低周宣王時尹吉甫北伐玁狁
駐兵於此築西北二面明洪武三年重築周圍十二
里八分四釐崇三丈二尺濠深廣各一丈門六座東
西各二南北各一後建敵臺窩鋪四十座景泰初知
縣蕭重修正德四年知縣田登修下東門甕城又築
附郭關城一面嘉靖十三年因河衝城角十九年縣
人雷潔監生任艮翰督率築完得免寇患三十一年
知縣沈振又修西北二面厚七尺高六尺築北門甕
城四十年沁州同知呂堯卿署縣又加高南城六尺
四十一年知縣張稽古因寇犯邊急砌甎牆更新門
樓各豎匾題士民頌德立碑於縣儀門外左隆慶三
年知縣岳維華增敵臺樓九十四座俱用甎砌仍於
六門外剏弔橋立附城門僉夫防守各垛口設圍總
官四員督之其衣裝盔甲火器火藥鉛子弓弩之類
平遙縣志　卷之二　建置志　二

图0－3 周宣王时尹吉甫北伐驻军地

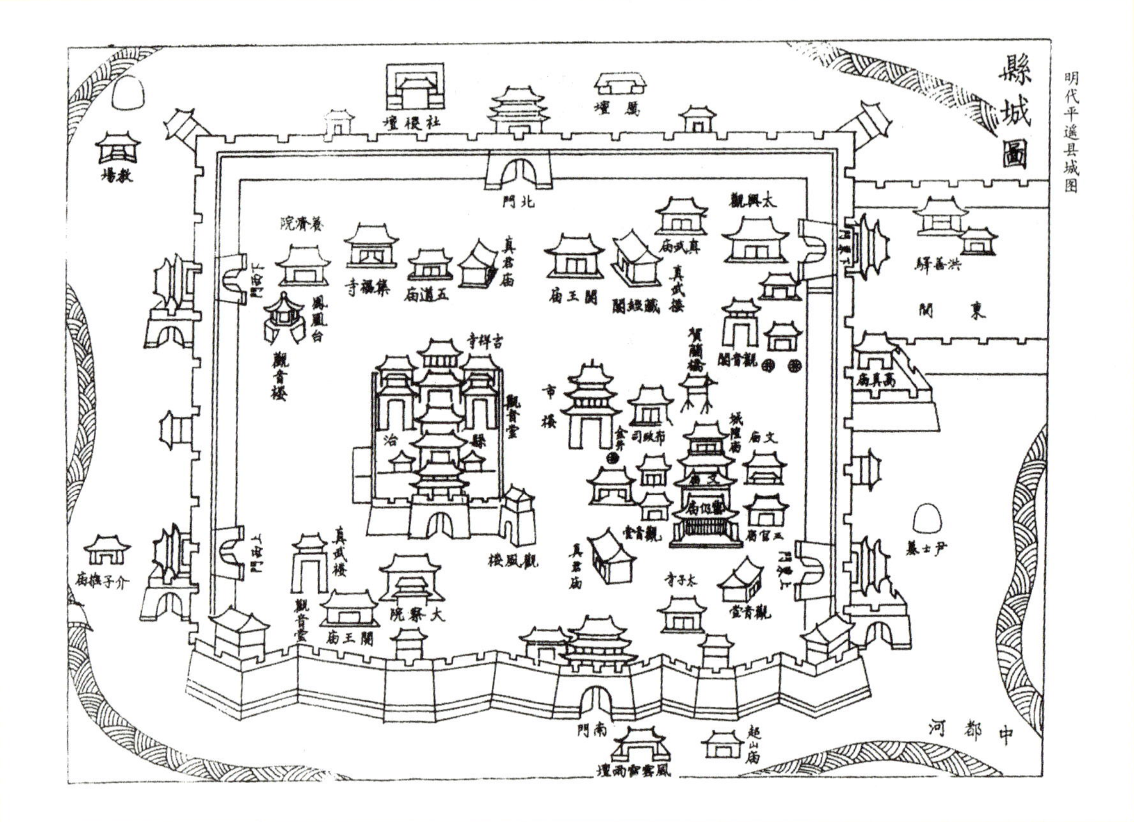

图0－4 明代平遥县城图

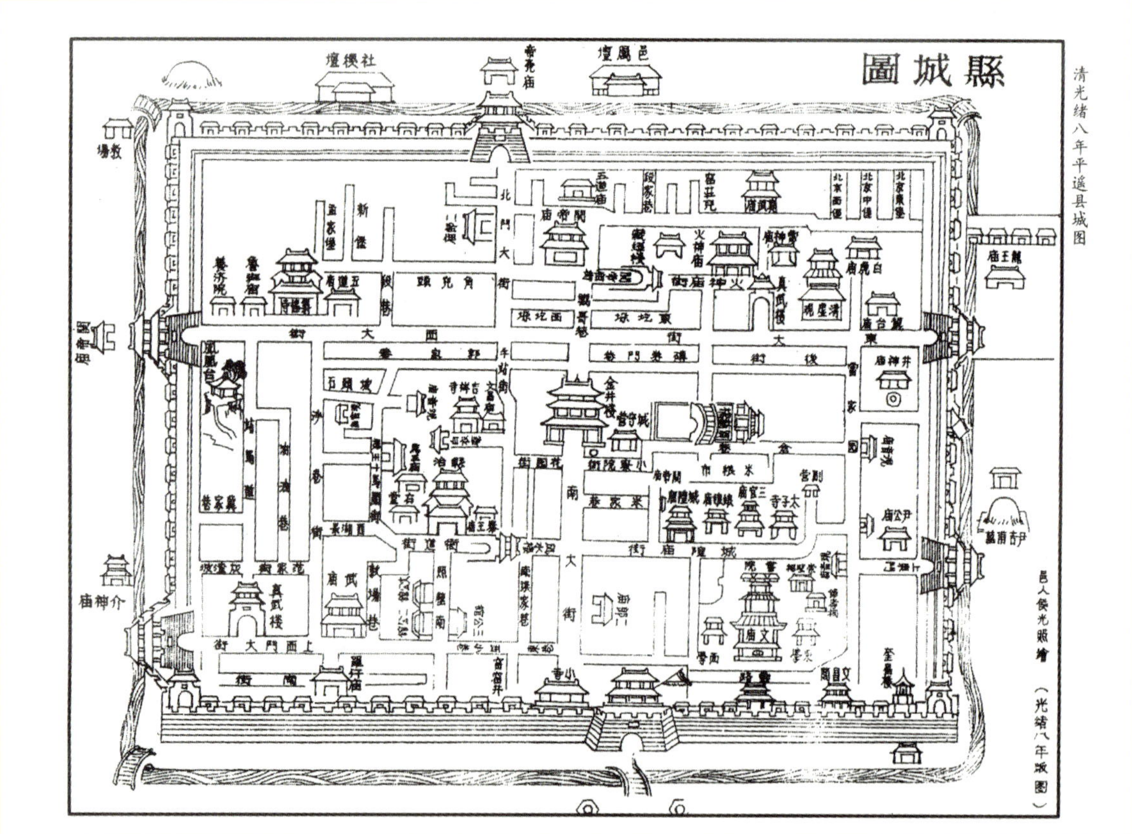

图0－5 清代平遥县城图

二　历史地理人口

（一）历史

平遥县作为一座历史悠久的古城，其建置屡经变迁。根据平遥县的县志记载，平遥远古时期为帝尧的封地，史称“古陶”，明成化《山西通志·建置沿革》载：“平遥县，古陶地，帝尧初封于陶，即此。”北魏因避太武帝拓跋焘名字之讳（“陶”“焘”当地同音），改平陶为平遥。《旧唐书·地理志》：“后魏庙讳，改‘陶’为‘遥’。”明万历二十三年（1595），改汾州为府，属山西承宣布政使司管辖，又设冀南道驻此，平遥属汾州府。明成化版《山西通志》中载有汾州境图。直到清顺治三年（1646），裁冀南道，隶冀宁道，平遥仍属汾州府。清康熙版《平遥县志》中收有明代平遥县城图（图 0－4）。清光绪八年版《平遥县志》中收有清代平遥县城图（图 0－5）。

1912 年废州后直属于山西省。1948 年 8 月，平遥县属晋中区，平遥县城关区升级为平遥市（县级），与平遥县同属晋中行政公署第三专区。1949 年 8 月，平遥市撤销，恢复平遥县城关区，平遥县属山西省榆次专区。1958 年隶属晋中专区（现为晋中市）。1999 年设立晋中市，平遥县隶属于晋中市。

（二）地理

平遥县的地理地形，东高西低，南高北低，地势从东南到西北呈现缓坡状。东南方麓台叠翠，西北方汾水长流。整个地形属于西北黄土高原的一部分，东南高，西北低，大体由土石山区、黄土丘陵区和平川三种地形组成。孟山乡分布在平遥县东南部的土石山区；朱坑乡、东泉镇、卜宜乡、段村镇、岳壁乡 5 个乡镇分布在平遥县中南部的黄土丘陵区；古陶镇、南政乡、中都乡、洪善镇、襄垣乡、宁固镇、香乐乡、杜家庄乡 8 个乡镇分布在北部及西北部的平川区。平遥古城属于古陶镇，平均海拔 1349 米，其中土石山区占土地总面积的 46%，黄土丘

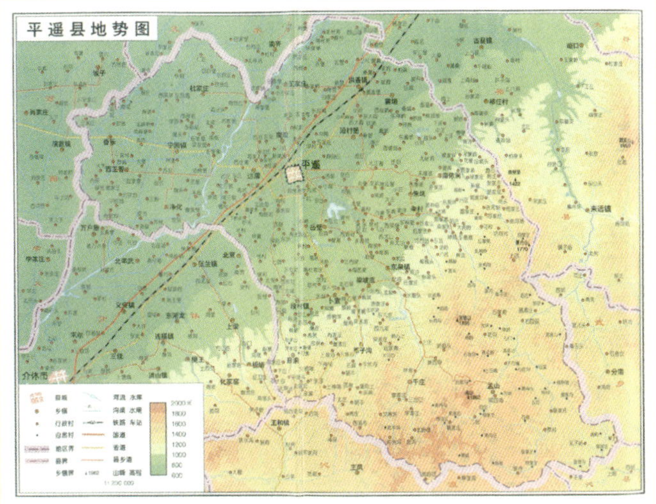

图0－6 平遥县地势图

陵区占土地总面积的 21%，平川占土地总面积的 33%。平遥属温带大陆性季风半干旱气候，四季分明，气候温和，温差较大，年均气温 9.6℃左右，年均降水量为 439 毫米。较为干燥的气候环境，为古城各种建筑物经年累月而不坍塌提供了良好的自然条件。

（三）人口

平遥全县的人口变迁在不同时期的历史条件下也有所不同。据 1999 年版《平遥县志 · 人口》记载：明代因战乱灾荒，从明洪武元年（1368）到万历四十七年（1619），全县人口总数由 5.7 万增至 8.9 万多人；清代人民生活趋于安定，人口回升，到光绪十二年（1886），人口迅速上升到 33.4 万人；民国期间，军阀混战，民不聊生，人口总数在 23 万人上下；1938 年日军侵入，人口曾减少到 21.4 万人；1949 年新中国成立后，人口稳定上升，1949 年全县 24.3 万人，到 1964 年已增加到 29.5 万人。1982 年 40.2 万人，1990 年 44 万人，1996 年底 47 万人，2004 年 49 万人，2007 年 49.7 万人，2010 年达到 50.27 万人。平遥全县有 12 个民族，多为汉族，占到 99.99%。有 11 个少数民族，分别是回族、满族、蒙古族、彝族、藏族、壮族、朝鲜族、土家族、苗族、白族、侗族。平川人口一直高于丘陵山区。城关镇人口最多，占全县总人口的 13.68%。1990 年第四次人口普查统计数据显示，平遥姓氏有三百多个，万人以上的有王、张、李、赵、刘、梁、郭、郝、雷、侯、阎等十一姓。

三　方言民俗文化

（一）方言

据香港朗文 1989 年出版的中国与澳大利亚人文科学院联合制作的《中国语言地图集》，平遥属于晋语区，地处晋语的核心地带，太原盆地的南侧。山西平遥话很有特色，与临界的县市说话明显有别。平遥人，本地称作“平遥家”。平遥家说话，乡音难改。当地民谚有：“为了半斤四两小葱儿[zʌʔ^{23}]，还能改了平遥家的口号儿[zʌʔ^{23}]。”“儿”尾平遥读[zʌʔ^{23}]，与“热”字同音，是平遥家的“口号儿”。所谓“口号儿”是常说、常见的意思。其实“口号儿”也可以泛指平遥话不同于普通话的特殊读音。以下对平遥话略作介绍。

先说发音：

1.平遥话没有[f]声母。普通话读[f]声母的字平遥话都读成[x]声母。如：符=胡[xu^{13}]、伐=活[xuʌʔ^{54}]。

2.有些平遥话读不卷舌声母的字，普通话读卷舌声母。如：争[ts]≠蒸[tş]。

3.有些平遥话读成鼻擦音[nz]的字，普通话读鼻声母[n]。如：暖、腻、女。

4.有些平遥话声母有文白两种读音，文读声母送气，白读声母不送气。普通话只有一读，都读送气声母。如：赔、婆、桃、茶、蚕、肠、长、钱、强、桑。

5.平遥话没有前鼻音韵尾[n]，只有后鼻音韵尾[ŋ]。普通话读前鼻音韵尾[n]的字，平遥话都读成后鼻音韵尾。如：心=新=星[ŋ]；林=鳞=灵[ŋ]。

6.有些平遥话韵母有文白两种读音的字，如黄 huang / huo、忘uang / uo、铃ling / li，普通话只有一种读音。

7.平遥话有入声调，入声字发音短促，如：切、急、笔、月。普通话没有入声，切、急、笔、月分别读作阴平、阳平、上声、去声，四个字读四个调。

再说词语：

1. 平遥话的“儿”尾。

上面说的平遥民谚“为了半斤四两小葱儿[ẓʌʔ^{23}]，还能改了平遥家的口号儿 [ẓʌʔ^{23}]”，平遥话不管大葱还是小葱，都说“葱儿”，不说“葱”。普通话只有小葱说“小葱儿”。就是说平遥的“儿”尾并不表示小，“锅儿”比“锅锅”要大。平遥话的“儿”尾可自成音节，读作短促的[ẓʌʔ^{23}]，入声调。说快了，儿尾变成儿化。再举几条见于平遥民谚中的儿尾词：

细狗儿（小狗）抖（得瑟）下麻狐（狼）价。（指装腔作势）

[sei^{35}kəu^{53}ẓʌʔ^{32}təu^{53}xɑ^{35}mɑ^{13}xu^{31}tɕiɑ^{35}]

手儿敲磬儿，眼儿看供儿（上供的吃食）。（指心不在焉）

[ṣəu^{53}ẓʌʔ^{23}tɕ^{h}iɔ^{31}tɕ^{h}iŋ^{35}ẓʌʔ^{54},ȵiaŋ^{53}ẓʌʔ^{23}k^{h}ɑŋ^{31}kuŋ^{35}ẓʌʔ^{53}]

茶叶淡了不如水，人没钱儿不如鬼。（指世态炎凉）

[ts^{h}ɑ^{35}iʌʔ^{423}tɑŋ^{35}lɔ^{53}pʌʔ^{32}zu^{35}suei^{53},ẓəŋ^{35}mʌʔ^{53}tɕiᴇ^{13}ẓʌʔ^{23}pʌʔ^{32}zu^{35}kuei^{53}]

平遥人表赞美的常用句式是，先说三叠表音叹词[ẓʌʔ^{23} ẓʌʔ^{23}ẓʌʔ^{23}]，也算是平遥话的一种“口号儿”。这个三叠表音叹词，本字不明，举例暂写作“热”：

热热热[ẓʌʔ^{23} ẓʌʔ^{23}ẓʌʔ^{23}]，这来大的一块院子！

热热热[ẓʌʔ^{23} ẓʌʔ^{23}ẓʌʔ^{23}]，这来贵的一块袄儿！

2.平遥话的“子”尾。

“子”尾的读音及用法和普通话也很不一样。平遥话的“子”尾读作[tsʌʔ]，与“则”字同音，本地人多将“子”写作“则”。“包子”写作“包则”。这在平遥街上经常可见。平遥话“子”尾、“儿”尾韵母相同，声调也相同，都是重读，在话语里头也都是高频词。

下面再举几条带“子”尾的当地民谚：

巧媳妇子插不下（做不出）没米的粥儿。

[tɕʰiɔ^{53}ɕiʌʔ^{23}xu^{13}tsʌʔ^{23}tsʰʌʔ^{32}pʌʔ^{45}xɑ^{53}mʌʔ^{45}mi^{513}tiʌʔ^{23}tsuʌʔ^{54}zʌʔ^{23}]

启子（屁股）后头上喏——多出来的一礼。

[tuʌʔ^{32}tsʌʔ^{45}xəu^{35}təu^{53}suə^{35}zʅᴇ^{53} —— tei^{31}tsʰuʌʔ^{45}læ^{31}tiʌʔ^{23}iʌʔ^{13}li^{53}]

脯子（胸脯）头（上头）带钥匙——开心。

[pu^{13}tsʌʔ^{32}təu^{35}tæ^{13}yʌʔ^{54}sʅ^{13} —— kʰæ^{13}ɕiŋ^{13}]

“子”尾可以说是“儿”尾的同门兄弟，都可以称作是平遥人的“口号儿”，是平遥话的代表性标记。

3. 词头“圪”、量词“块”及重叠式构词。

表音词头“圪”[kʌʔ]、特殊量词“块”[xuæ^{53}]以及重叠式构词都可以看作是“平遥家的口号儿”。平遥有一首很古老的儿歌（老人称之为“古”），记录了平遥话的这些特点，转录如下为例：

“上圪台台坡，下圪台台坡，黑夜儿梦见块骆驼。骆驼骆驼告状，一告告给了和尚。

[suə^{13}kʌʔ^{32}tæ^{35}tæ^{53}pei^{13},xɑ^{35}kʌʔ^{32}tæ^{35}tæ^{53}pei^{13}, xʌʔ^{23}iᴇ^{31}zʌʔ^{54}məŋ^{35}tɕiᴇ^{53}xuæ^{53}lɔ^{35}tei^{53}。lɔ^{35}tei^{53}lɔ^{35}tei^{53}kɔ^{31}tsuə^{35}，iʌʔ^{32}kɔ^{35}kɔ^{35}tɕy^{53}lɔ^{31}xuei^{31}suə^{35}]

和尚和尚念经，念下两张皮经。皮经皮经打卦，打下一块镰把。

[xuei^{31}suə^{35}xuə^{31}suə^{35}ȵiᴇ^{13}tɕiŋ^{13}, ȵiᴇ^{35}xɑ^{53}liɑŋ^{53}tʂɑŋ^{13}pʰi^{13}tɕiŋ^{13}。pʰi^{13}tɕiŋ^{13}pʰi^{13}tɕiŋ^{13}tɑ^{53}kuɑ^{35}, tɑ^{53}xɑ^{13}iʌʔ^{45}xuæ^{53}liᴇ^{13}pɑ^{13}]

镰把镰把赴水，赴下一块小鬼。小鬼小鬼垒窝窝（砌小窝），垒下一块圪朵朵。

[liᴇ^{13}pɑ^{13}liᴇ^{13}pɑ^{13}xu^{35}suei^{53}, xu^{35}xɑ^{53}iʌʔ^{45}xuæ^{53}ɕiɔ^{53}kuei^{53}。ɕiɔ^{53}kuei^{31}ɕiɔ^{53}kuei^{31}lei^{53}uei^{31}uei^{35}, lei^{53}xɑ^{13}iʌʔ^{45}xuæ^{53}kʌʔ^{53}tuei^{31}tuei^{35}]

年（你家的合音）一块，哑（我家的合音）一块，年大（你爸）年妈（你妈）分一块。

[ȵiᴇ^{13}iʌʔ^{45}xuæ^{53}，ŋɑ^{53}iʌʔ^{45}xuæ^{53}，ȵiᴇ^{31}tɑ^{35}ȵiᴇ^{13}mɑŋ^{13}xuŋ^{31}iʌ^{45}xuæ^{53}]

前置表音词头“圪”有表“小”的意思。“台台”指台阶，“圪台台”是小的台阶。“圪朵朵”是似猫耳朵状的面食，煮后拌菜食用，是当地的家常饭。“耳朵”，平遥话说“耳朵朵”。“朵朵”前加“圪”有表“小”的意思。“圪朵朵”比“耳朵朵”小多了，大抵只有指甲盖儿大小。量词“块”是平遥以及广大晋语区很有特点的常用量词。上面的儿歌，“骆驼”的指称量词是“块”，“镰把”“圪朵朵”的指称量词也是“块”。

“台台、朵朵、窝窝”为重叠构词，表小。重叠式是平遥话极为常见的构词方式。重叠有表小的意思。

平遥话的"儿"尾、"子"尾、"圪"字头，均为短促的入声调，加上大量的重叠构词，造就烘托出平遥话的铿锵之势，构成平遥话的地方特点。

4. 平遥话谚语、熟语、歇后语、谜语、儿歌举例。

谚语：

密虎儿（蚂蚁）搬家，蛇过道，老牛一吼雨就到。

[miʌʔ^{45}xu^{53}ʐʌʔ^{23}pɑŋ^{13}tɕiɑ^{13}, tʂ^{h}ʅᴇ^{13}kuei^{53}tɔ^{35}, lɔ^{53}ȵiəu^{13}iʌʔ^{45}xəu^{53}y^{53}tɕiəu^{31}tɔ^{35}]

蛤蟆吼，水瓮浸，老婆（老年妇女）不信揣瓮根。（指雨前征兆）

[kʌʔ^{54}mɑ^{35}xəu^{53}, suei^{53}uŋ^{35}tɕiŋ^{53}, lɔ^{53}pei^{13}pʌʔ^{32}ɕiŋ^{35}suæ^{53}uŋ^{35}kəŋ^{53}]

熟语：

巧媳妇子插不下（做不出）没米的粥儿。

[tɕ^{h}iɔ^{53}ɕiʌʔ^{23}xu^{13}tsʌʔ^{23}ts^{h}ʌʔ^{32}pʌʔ^{45}xɑ^{53}mʌʔ^{45}mi^{513}tiʌʔ^{23}tsuʌʔ^{54}ʐʌʔ^{23}]

抓住旋儿风就是鬼。（指人捕风捉影）

[tsuɑ^{13}tsu^{13}ɕyᴇ^{35}ʐʌʔ^{54}xuŋ^{31}tɕiəu^{35}sɿ^{53}kuei^{53}]

儿多女多，吃了哥（爸）姐（妈）的鼻子耳朵。

[ər^{13}tei^{13}nzʮ^{53}tei^{13}, tʂ^{h}ʌʔ^{32}lɔ^{53}kiᴇ^{31}tɕiᴇ^{53}tiʌʔ^{23}piʌʔ^{54}tsʌʔ^{23}ər^{53}tuei^{13}]

歇后语：

启子（屁股）后头上喏——多出来的一礼。

[tuʌʔ^{32}tsʌʔ^{45}xəu^{35}təu^{53}suə^{35}ʐʅᴇ^{53} —— tei^{31}ts^{h}uʌʔ^{45}læ^{31}tiʌʔ^{23}iʌʔ^{13}li^{53}]

脯子（胸脯）头（上头）带钥匙——开心。

[pu^{13}tsʌʔ^{32}təu^{35}tæ^{13}yʌʔ^{54}sɿ^{13} —— k^{h}æ^{13}ɕiŋ^{13}]

谜语：

盆盆扣盆盆，合里藏的四条龙——核桃。

[pəŋ^{13}pəŋ^{13}k^{h}əu^{13}pəŋ^{13}pəŋ^{13}, xʌʔ^{45}lei^{53}tɕyə^{13}tiʌʔ^{23}sɿ^{35}t^{h}iɔ^{53}luŋ^{31} —— kʌʔ^{54}tɔ^{13}]

头戴红帽子，身穿绿袍子，走道弹弦子，坐下耍胡子——绿蝇。

[t^{h}əu^{31}tæ^{35}xuŋ^{31}mɔ^{35}tsʌʔ^{54}, ʂəŋ^{13}ts^{h}uɑŋ^{13}luʌʔ^{54}p^{h}ɔ^{13}tsʌʔ^{23}, tsəu^{53}tɔ^{35}tɑŋ^{13}ɕyᴇ^{13}tsʌʔ^{23}, tɕyᴇ^{35}xɑ^{53}suɑ^{53}xu^{13}tsʌʔ^{23} —— luʌʔ^{54}i^{35}]

儿歌：

牛来了，马来了，姑姑带将花来了，

[ȵiəu^{13}læ^{35}lɑ^{53}, mɑ^{53}læ^{35}lɑ^{53}, ku^{31}ku^{35}tæ^{35}tɕyə^{53}xuæ^{31}læ^{35}lɑ^{53}]

甚的花，产产化，产了姑姑的尾巴巴，

[ʂəŋ^{35}tiʌʔ^{54}xuɑ^{31}, ts^{h}ɑŋ^{53}ts^{h}ɑŋ^{31}xuɑ^{53}, ts^{h}ɑŋ^{53}lɔ^{53}ku^{31}ku^{35}tiʌʔ^{23}i^{53}pɑ^{31}pɑ^{35}]

熬上油，纺花花，纺的花儿□□（纺花声），

[ŋɔ^{13}xɔ^{13}iəu^{13}, xuə^{53}xuɑ^{31}xuɑ^{35}, xuə^{53}tiʌʔ^{23}xuɑ^{53}ʐ̧ʌʔ^{23}zəŋ^{35}zəŋ^{53}]

织的布儿□□（织布声），织下点点黑水水，

[tʂ̧ʌʔ^{32}tiʌʔ^{45}pu^{35}ʐ̧ʌʔ^{54}təŋ^{35}təŋ^{53}, tʂ̧ʌʔ^{23}xɑ^{13}tiᴇ^{53}tiᴇ^{13}xʌʔ^{45}suei^{53}suei^{31}]

教给老爷画胡才（胡子），一画画的圪撩了（弯了），

[tɕiɔ^{35}tɕy^{53}lɔ^{53}iᴇ^{13}xuɑ^{13}xu^{13}ts^{h}æ^{13}, iʌʔ^{32}xuɑ^{35}xuɑ^{35}tiʌʔ^{32}kʌʔ^{54}liəu^{35}lɔ^{53}]

一打打的圪□了，圪□半年，

[iʌʔ^{45}tɑ^{53}tɑ^{53}tiʌʔ^{23}kʌʔ^{54}tɕiəu^{35}lɔ^{53}, kʌʔ^{45}tɕiəu^{35}pɑŋ^{35}ȵiᴇ^{53}]

爬起来卖盐，买下一斗瘪谷儿，

[pɑ^{35}tɕ^{h}i^{53}læ^{13}mæ^{13}iᴇ^{13}, mæ^{53}xɑ^{35}iʌʔ^{45}təu^{53}piʌʔ^{32}kuʌʔ^{45}ʐ̧ʌʔ^{54}]

买下一斗瘪谷儿, 瘪谷儿种，瘪谷儿吃，

[mæ^{53}xɑ^{35}iʌʔ^{45}təu^{53}pi^{53}kuʌʔ^{32}ʐ̧ʌʔ^{45}, piʌʔ^{32}kuʌʔ^{45}ʐ̧ʌʔ^{54}tsuŋ^{35}, pi^{53}kuʌʔ^{32}ʐ̧ʌʔ^{45}tʂ̧^{h}ʌʔ^{23}]

种上种上不出来，一颗一颗抠出来。

[tsuŋ^{35}xɔ^{53}tsuŋ^{35}xɔ^{53}pʌʔ^{32}ts^{h}uʌʔ^{45}læ^{54}, iʌʔ^{23}k^{h}uei^{13}iʌʔ^{23}k^{h}uei^{13}k^{h}əu^{31}ts^{h}uʌʔ^{45}læ^{53}]

（二）民俗

1. 农工商民俗

传统农业种植，有看天象而定来年种植的习俗。雨后出现彩虹，红色多，宜种高粱；黄色多，宜种谷子；白色多，宜种棉花。入伏之日下雨，有"下破母伏头（双日），灶台长蘑菇；下破公伏头（单日），晒破狗舌头"之说，意即如果入伏双日下雨，预示本季节雨水多，连灶台都潮湿得长出蘑菇；若是入伏单日下雨，则预示干旱，连狗的舌头都可以晒破。回茬是需要雨水的，如果太干旱就不宜回茬，故农民据此取决回茬多少。

林业习俗方面，农村喜在房前屋后栽植树木，以枣树为多，也有其他树木，有"前槐后柳，富贵常有"的说法。独院（四合院）一般不栽树，多在外院或偏院栽植。花椒树忌在里院栽植。每年腊月初八早晨吃软米粥时，要在每棵枣树上放一点软米粥，以示上供，盼树长得茂盛。

牧畜饲养，修筑猪、羊圈宜北忌南；骡马圈东西为好。喂养牲畜有"牛喂三九，马喂三伏""水温草碎料拌匀，弱畜分槽最要紧""母畜多加草料，幼畜不加重套"等讲究。

平遥手工业生产历史悠久，很多工匠都有共同的习俗，那就是都要供奉各自的祖

师爷或信奉的神灵：石匠、木匠、泥瓦匠供奉鲁班；搬运工供奉马王爷；铁匠供奉李老君；理发师供奉吕洞宾；金银铜锡匠供奉尉迟恭；屠宰工供奉张飞。他们在家中或店中设立祖师爷或神灵牌位，烧香上供，以示虔诚。

推光漆器是平遥手工艺中一种最负盛名的工艺品，也是我国四大名漆器之一（即北京金漆、福建脱胎、扬州点锣、平遥彩绘），以手掌推光和描金彩绘技艺著称。平遥推光漆器历史悠久，相传源于商周，明清时期达到顶峰。如今，推光漆器使用范围非常广泛，有“养生送终之具”的说法，品种繁多，涵盖家具、餐具、日常用具、屏风等多个类别。

图0－7 推光漆器

图0－8 古城街道

平遥人在交易中多注重信誉，有“秤平斗满，尺子绷展”“买卖不成仁义在”之说。大牲口交易场所，一般设在居民区外的地点，由牙行（经纪人）与买卖双方用指头暗掐码，不说出口，以防别人干预交易。卖牲口不卖笼头。卖自行车要插一根干草。

平遥商业自古兴旺，为了招揽顾客，多在店铺门前悬挂实物幌子。商号的商幌，有木制、铜制、石刻、旗帘等多种形式。中药店一般多挂荷叶双鱼幌，最上面是木制荷叶，中间画膏药丸药，下面是双鱼，寓意“本店出售膏、散、丹、丸，您的疾病可治愈”。杂货店木制吊牌上书“陈醋酱油、汾州老酒、虾米海带、洋蜡松香”。文具店多挂黑底金字招牌，上写“湖笔徽墨、宣纸端砚”等。剃头铺一侧横挂方白布幌子，有的两边写“朝阳抠耳”“灯下剃头”八个小字。直到今天，城内街道两旁商幌遍布，在沿袭旧时式样的同时又增添了很多新的时代气息。

平遥商家为吸引顾客，会发出各类叫卖声和器具碰击声。挑担卖碗托子的，左手捂着耳朵，大声拖长音吆喝：“好吃的外（那个）——碗托子——”，“外”，平遥话“那个”的意思。喊得就像唱歌一样；卖豆腐的拉着调喊唱：“来割这——豆——腐来——”；收破烂的喊：“烂铁——麻绳——纸筋换栖瓜儿——”。20世纪80年代初，有外地人来本地卖纫针器的，编小曲唱道：“哎——，谁来买，谁得意，我这里卖的是纫针器。

哎——买上一个拿回家，老婆婆见了笑哈哈……”

2.生活民俗

服饰方面，旧时平遥普通人家衣服鞋帽均为土布手工制作，少数富贵之家穿着讲究，专门定制或购买成衣。如今老百姓的穿着也都紧跟时尚潮流。20世纪70年代前老年人仍普遍穿中式的服装，衣服两侧下面开叉，立领，使用盘扣，女性上衣向右开襟。现在本地老人也普遍穿立领的中西结合式服装（唐装）和夹克类服装。平遥人现在仍讲究本命年穿红背心，系红裤带；闰年有的儿童仍穿黄色衣服。

饮食方面，平遥以小麦、玉米、高粱、豆类、小米、薯类、莜麦、荞麦等杂粮为主食。夏秋两季有菠菜、芹菜、西葫芦、豆角、南瓜等新鲜蔬菜。冬季多储存胡萝卜、白萝卜、土豆等过冬菜，也有腌制老咸菜、酸菜的习惯。平遥人讲究粗粮细做，细粮精做，地方风味浓厚。逢年过节或是喜庆宴席更讲究，有“九碗九碟”“四四”“八八”或“八八一领四”（六十四道菜）等讲究。不过这些习俗渐渐被打破，如“八八一领四”这样的排场仅用于丧事制作的祭菜。20世纪80年代后，居民生活水平逐步提高，现在均以小麦、大米等细粮为主食，粗粮偶尔作为调剂，吃个稀罕。平遥人以面食为主，面食的做法花样繁多，可分为蒸、煮、烤、炸、煎等多种。在人们的生活中，面食充当了各种节令及人事活动的重要角色，并由此形成了丰富多彩的饮食习俗文化。平遥碗托子（当地有的写“碗脱子”）是驰名三晋的风味小吃，民谣有“平遥三件宝，熟肉、碗托子、案案糕”。清光绪年间，慈禧太后从北京到西安路经平遥，吃过平遥的碗托子后，赞不绝口，赐予重赏。

住宅方面，平遥境内受地形、水位、土质和居住习惯影响而建筑结构各异。古城及其西北方的汾河平川地带，多建木结构砖瓦房和少量砖窑。宅居多坐北向南，为长方形院落。宅院尺寸讲究前窄后宽，寓意聚财。布局为正房（北房）、东西厢房、南厅带门房，开偏左大门，称四合院。丘陵山区地带土质坚硬，多为窑洞。山区窑洞大都用石条砌成，名石窑；丘陵地区一般依地形而建，有砖窑、土坯窑和土窑（依山掘土成洞）。平遥人修建房屋从选址、动工、修建、上梁直至乔迁新居都有祭祀活动和民俗讲究，并且自古就有在新建宅院大门上题写牌匾的习惯，几乎每院必书，以示典雅。

器用方面，平遥城乡居民历来睡土炕，炕上一般铺芦苇席、油单，只有少数富人铺羊毛毡；现在城里人和农村的年轻人多改为床铺。老年人一直沿用旧式圆筒形枕头，内装荞麦皮或秕谷。平遥城乡居民冬季取暖历来靠暖炕，后改用铁火炉烧蜂窝煤、土暖气等取暖，近年来已经统一供暖。照明过去用麻油灯、煤油灯，夜间外出一般使用马灯（围灯）。20 世纪 60 年代全县均普及通电照明。

3.人生仪礼

婚嫁：平遥婚嫁旧俗多继承纳采、问名、纳吉、纳征、请期、亲迎之“六礼”的传统，重视生辰八字。迎娶多用一班鼓乐，两乘或一乘花轿。20 世纪 50 年代后期，曾有骑马迎亲；60 年代后时兴自行车迎亲，没有伴奏；如今，城内及近郊农村娶亲多用小轿车，农村多用花轿。

生寿：平遥人以生孩子为喜事。旧时，生男孩称大喜，生女孩称小喜。第一胎孩子不论男女，都要祝满月以示庆贺。一般在半月祝满月，意取“绊住”，寓意孩子长命。孩子满月、三岁生日及虚岁十三岁生日时都会隆重庆祝，亲戚们会送来面粉蒸制的“括拦”进行祝贺，并举行庆贺和祭奠仪式。对老年人的祝寿从 60 岁开始，以 80 大寿最为隆重。66 岁、73 岁、84 岁也要隆重庆贺。

丧葬：平遥当地人亡故后一直为土葬，不论繁简，丧葬程序为停尸、报丧、入殓、烧纸、出殡、圆墓、过七等。一般于三、五天烧纸，五、七、九天出殡，要有鼓乐。起灵抬柩有十六抬、二十四抬和三十六抬。如今丧葬仪式的程序仍沿袭旧俗，幡罩、神主轿、招魂幡、金童玉女等均不能少。

4.岁时节日民俗

正月初一春节合家吃隔年饺子；正月初五，俗称“破五”，忌出行；正月初八为“祭星节”，打面茶，制糕灯，举行祭祀仪式；正月初十称“鼠婚日”，有为老鼠庆贺婚礼的习俗，寓意老鼠不要再糟蹋粮食和衣服。正月十五元宵节，民间社火都要进城表演，以图吉利，晚餐食“元宵”。正月二十和二十五俗称“小添仓”和“老添仓”，烧烤一种白面包红糖馅的“布袋袋”，入夜铺灯烧香，供奉天仓官，大声喊“仓官爷，添仓来，粮食元宝添到咱房来。黑小子，赶车来，银子元宝赶到俺房来”，意在祈祷丰收，生活富裕。

二月二，龙抬头，吃发糕。清明节连续活动三日。民间多于清明前后三日动土、打造或修葺房屋，称这三天为“百无忌”日。子孙要归里祭扫。五月端午吃粽子，并以雄黄酒点洒小孩儿的前额或耳朵。旧历七月十五烧纸祭奠已故亲人。中秋节，家家户户烤制月饼，取全家团圆之意。冬至有吃糕的习俗，有民谣“过冬不吃糕，小鬼来圪瞧”。圪瞧，即窥视。如果这天不吃糕的话，小鬼就会来伺机捣乱。中午家家要吃羊肉饺子。腊月初一有食爆米花的习俗，取意祛百病。

图0－9 正月十五闹红火

5.民间活动民俗

祭祀：平遥祭祀活动分神祭和祖祭两大类，有“无庙不成村”之说，一般家庭均设有各种神龛。不少人家将佛像或观音菩萨像置于闲房，每逢初一、十五设供烧香，以示虔诚。祖祭是对先祖的怀念。有的大家族有祠堂，族人分批先后祭祀祖先。

庙会：也称庙市，形成于唐，多设在寺庙附近，最初是一种祭神、闹红火的民间活动，后来逐渐增加商品交易活动，成为当地人宗教、娱乐、商业和酬亲会友的特殊节日。平遥有“有庙必有会”之说。规模最大的要数四月初八桥头双林寺庙会，还有农历二月初二城内南门头龙王庙会、四月十四东大街清虚观庙会、六月十九梁家滩白云寺庙会等七个庙会。

图0－10 市楼

（三）文化

平遥为陶唐故地，凝聚着深邃厚重的文化。全城建筑以市楼为中心，以市楼所在的南大街为中轴线，东西两侧的主要建筑物形成了上下有序、中轴对称、左祖右社、左文右武、神人合一的独特格局。北部两侧东有清虚观，西有集福寺，为佛、道两家集中活动场所。平遥古城是集建筑与儒释道四位一体的神奇存在，从形、神、意、理等各个领域创造了令人叹为观止的的文化蕴藏，是古代城郭文化的活化石。

平遥文庙、魁星楼等都成为了儒学文化的载体。平遥古城墙周长约6公里，有3000个垛口、72座敌楼，与孔子“三千弟子，七十二贤人”的历史

图0－11 古民居博览苑

典故相吻合。孔子讲究仁义之道，厌恶战争，希望和平。文庙是儒教文化的典型代表。

平遥的古建筑堪称古代建筑艺术的博物馆，民居是平遥的一大建筑特色，它遵从旧时礼制，主从有序，长幼有别，民居大多为二进或三进院落。平遥古城内的街道、商店和民居都保持着传统的布局与风貌。平遥民居建筑风格属于高墙壁垒封闭型，民居外墙砖砌，高达七八米，无窗。大户多把墙顶做成城堞式，像座小城堡。各种不同结构的民居院落，大都饰以精美的木雕、影壁等。一些专业性很强的商号，其建筑特色也颇为讲究，如商会博物馆旧址、天吉祥商号旧址、钱庄和票号的金库银库的位置选择都是按照“最不安全的地方最安全”的理念设计的。

从民居到县署衙门，从商号到街道，从教育机构到宗教庙宇，处处体现了“天人合一”的思想，是明清汉民族建筑的典型范例。中国第一家票号——日升昌，今已辟为中国票号博物馆。平遥有全国唯一保存完整的古代县衙——平遥县署。

平遥历来地少人多，有外出经商谋生的习俗，故平遥是“晋商”的发源地之一。明代中叶，商贾足迹便遍布全国。清代初年，以平遥商帮为劲旅的晋商，不仅称雄江北，且将势力扩展到江南。平遥人多以商贾为荣，儿女长大后，都盼儿子能做个好生意，女儿能嫁个买卖人。城内有童谣“咚咚锵，娶来了，俺女不嫁啦，不嫁掏粪的，不嫁砍地的，嫁的是南锦铺里的掌柜的”。雷履泰首创中国第一家现代银行的雏形“日升昌”票号之后，平遥城内的金融业飞速发展到了一个新的阶段，一度成为中国金融业的中心和山西最大的货物集散地之一，有“平遥城，有商帮，填不满，拉不完”的说法。在19世纪的中后期，平遥是金融业最为发达的城市之一，也是当年最有影响的票号和金融业机构最集中的地方，曾有“进了平遥城，银子元宝绊倒人”之说。

图0－12 日升昌旧址

图0－13 古县署

图0－14 镇国寺万佛殿

图0－15 双林寺

平遥地方文化包含丰富多彩的多元信仰形态。儒释道和谐融合，庙观寺庵星罗棋布，各具特色又相融相衬。古城北门有镇国寺，建于五代，殿内的五代时期彩塑是不可多得的雕塑艺术珍品。

位于城西南的双林寺重建于北齐武平二年（571），保存有元代至明代的彩塑造像2000余尊，被人们誉为“东方彩塑艺术的宝库”。

双林寺观音殿中有供养人（即以捐资等形式弘扬教义的虔诚信徒）牛普林、冯妙喜二人的等身像，是纠首（村镇的管事人或某公益事业的管理人）、住持僧人出资建造的，成为平遥佛教历史文化的一大特色。位于古城太和门内的天主教堂，始建于乾隆四十七

图0－16 初八祭星蜡烛摆成的卐字

年（1782），那时西方宗教已经进入平遥，足见平遥对宗教文化的兼容并蓄。平遥文化中的“卐”字崇拜也是一个值得一提的特色。在平遥，“卐”和“万”同音，又和“旺”字谐音，人们用“卐”字祈求万事如意，福绵子孙万代，并财旺、人旺、事业旺。“卐”字在人们的生活中随处可见，可以说达到一种崇拜的程度。平遥“卐”字的构形较随意，向左向右均有。

平遥所展示的是悠久厚重的历史沉淀，古今传承的方言民俗，琳琅满目的古城文物，深邃丰富的地方文化。平遥大地蕴藏、呈现的中华文化令世人瞩目。平遥无愧为汉语方言民俗文化的宝库。

壹·房舍建筑

图1－1 起大梁

山西民谚有："欢欢喜喜汾河湾，哭哭啼啼吕梁山，凄凄呼呼晋东南，死也不去雁门关。"这说明位处汾河湾的晋中一带居民自古比较富庶、安定。平遥的房舍建筑以砖结构为主，作为代表性建筑的平遥古城墙亦均为砖砌而成。冬暖夏凉的砖砌拱形窑洞建筑是平遥民居的传统特色。平遥的东南山区还有凿石为条而砌成的石窑洞、凿山挖土而建的土窑洞和取土夯实为坯拱券而成的土墼窑洞。

平遥民居的建筑风格，属于高墙壁垒封闭型。民居外墙砖砌，高达七八米，无窗。大户多把墙顶做成城堞式，像座小城堡。院内用砖铺地，很少栽树，旧俗树会招妖引怪。宅院尺寸讲究前窄后宽，意在聚财。富户及做官人家的宅院大门前有上马石、拴马桩、门墩石。院内布局为正房（坐北向南）、东西厢房、南厅带门房，院门设在东南角，称四合头院。殷实之家多为前后两进院，中间建过门厅，叫三宅两院过道厅。房脊两侧有兽头，中央有风水楼。正房三间或五间，多为窑洞式建筑，因"三"和"五"在阴阳风水观中为阳数，故为平遥民俗所重。另外平遥民宅的"正房"多是最中间的一间，从正中开门，平遥人俗称"门道"。"门道"内再向左右开门进入"里间"。

一　住宅

四合头院 [sɿ^{35}xʌʔ^{53}təu^{13}yᴇ^{35}]

即四合院。北边为正房[tʂʅ^{35}xuə^{53}]，正房多为五间或三间拱形窑洞建筑。靠最中间的叫“门道”[məŋ^{31}tɔ^{35}]，依次为东间儿[tuŋ^{31}tɕiɑŋ^{35}ʐʌʔ^{53}]、西间儿[sei^{31}tɕiɑŋ^{35}ʐʌʔ^{53}]，两侧厢房叫东房[tuŋ^{31}xuə^{35}]、西房[sei^{31}xuə^{35}]，每侧若有两间，又有上间儿[suə^{35}tɕiɑŋ^{35}ʐʌʔ^{53}]、下间儿[xɑ^{35}tɕiɑŋ^{35}ʐʌʔ^{53}]之分。南边有客厅，东南角为街门[tɕiᴇ^{31}məŋ^{35}]。前院临街的紧靠街门的房子是门房房[məŋ^{13}xuə^{13}xuə^{13}]。三合头院[sɑŋ^{31}xʌʔ^{53}təu^{31}yᴇ^{35}]，即稍简的四合院。房屋三面围合，另一面为墙壁和宅门。由此可看出平遥旧时的筑房理念。俗语有“有东（屋）无西（屋），不存老妻；有西（屋）无东（屋），不存老公；只有北屋，有君无臣。”北屋为尊，两厢次之，倒座为宾。倒座即指南边客厅里客人座位的朝向与北屋的正座相反。

三合院或四合院是宅院的基本形式，两个以上的四合院可组合为大型院落。通

图1－2 四合院（1）

图1－3 四合院（2）

图1－4 正房与东西厢房

过内宅门或过道厅连接成的两进院或数进院落，宅内层层递进，造成“庭院深深深几许”的空间效果，呈“日”字型或“目”字型；多建有侧院、跨院，或称偏院、下院，用以停放车马、饲养牲畜、安置磨碾、储藏物品，供佣人起居或设置书房等。混合型院落多见于富贵人家大型宅院。

两进（进）院 [liaŋ^{53}tɕiŋ^{31}（tɕiŋ^{35}）yE^{35}]

有两个院子两道门的宅院。一种为平面呈“日”字型的布局，即串联式；另一种为左右布局，可谓并联式。

图1－5 两进院（1）

图1－6 两进院（2）

图1－7 “目”字型三进院

三进（进）院 [sɑŋ^{31}tɕiŋ^{53}（tɕiŋ^{53}）yᴇ^{31}]

有三个院子三道门的宅院。一种平面呈“目”字型串联式结构；另一种平面似“品”字形。

正院儿 [tʂʅ^{35}yᴇ^{53}zʌʔ^{31}]

正房所在的院子叫正院儿。如为五开间正房，明间（当中的一间）是从正中开门的走道式房门，平遥人俗称“门道”[məŋ^{31}tɔ^{35}]。门道两旁有门通向次间，平遥人俗称“里间”[li^{53}tɕiɑŋ^{31}]，里间有门通向梢间，平遥人俗称套间，如果两梢间的门是开向院子的则称角房[tɕyʌʔ^{31}xuə^{35}]。正房一般为三间或五间的拱券式砖结构的窑洞，在窑洞的前部一般都加筑木结构的披檐、柱廊，上覆瓦顶，也有的在窑洞上再建一层木结构双坡顶的楼房。正院以外的院子因其位置不同而有多种名称，如：二院子 [ər^{35}yᴇ^{53}tsʌʔ^{31}]、前院儿 [tɕiᴇ^{13}yᴇ^{31}zʌʔ^{35}]、偏院儿 [pʰiᴇ^{13}yᴇ^{31}zʌʔ^{35}]、三院子 [sɑŋ^{13}yᴇ^{13}tsʌʔ^{13}]等。

围房院 [uei^{13}xuə^{31}yᴇ^{35}]

指正房后面有几间小房子构成的小院儿。

图1－8 正院儿——正房为二层建筑

图1－9 正院儿——正房为窑洞建筑

偏跨 [pʰiᴇ31kuɑ35]

即大院子一侧附带的小院儿，有些偏跨与正门相邻，有一个拱形“大门”[tei35məŋ53]，可以进车。院内过去可住长工、停放车马、放置杂物等。一般设有厕所，平遥话称“茅子”[mɔ13tsʌʔ31]。正院和偏跨中间设一个人可以通行的小门，叫“肋门门”[lʌʔ31məŋ35məŋ53]，以方便自家人两院间往来。把肋门堵上，即成独立院落。

轿杆院 [tɕiɔ35kɑŋ13yᴇ31]

前后二进院，在两侧修有夹道。两夹道形似轿杆，院子主体形似轿子，由此得名。轿杆式院落也是平遥院落的一种结构模式，雷履泰故居的院落结构即为典型的轿杆式院落。夹道的里端有通往院内的小门，可通过夹道进入院内。

图1－10 偏跨、街门、拱形大门

图1－11 “轿杆”夹道

图1－12 过道厅

过道厅 [kuei^{35}tɔ^{53}t^{h}iŋ^{31}]

指两进院中，前院和后院中间盖的一种过门厅。在厅内摆设桌椅及其他家具，可以作为接待贵宾的客厅。这种院子和厅亦称作“三宅两院过道厅”[sɑŋ^{31}tʂʌʔ^{53}liɑŋ^{53}yᴇ^{35}kuei^{35}tɔ^{53}t^{h}iŋ^{31}]。

拴马柱 [suɑŋ^{35}mɑ^{53}tsʮ^{13}]

竖立于宅院门前的长条方形石柱，用以拴马，约一人多高。柱上端一般雕刻着猴子，寓意“马上封侯”。同时在大门旁还设有石墩，供上下马踩用，称作“下马石”[xɑ^{35}mɑ^{53}ʂʌʔ^{53}]，石墩前方雕刻有狮子等图案。

图1－13 拴马柱与下马石

图1－14 照壁

图1－15 堡内通道尽头的照壁

照壁 [tʂɔ^{35}piʌʔ^{53}]

即影壁，也称照壁壁[tʂɔ^{35}piʌʔ^{53}piʌʔ^{31}]，一般设在一进大门的位置，意在遮挡路人视线，使其不能直视院内。平遥称作“堡”的胡同，早时两端都有门，在靠近堡门内侧也有照壁，老人说是可以保住好风水。

土地龛 [t^{h}u^{53}ti^{35}k^{h}ɑŋ^{13}]/**门神龛** [məŋ^{13}ʂəŋ^{13}k^{h}ɑŋ^{13}]

土地龛和门神龛一般分别设在二进院门两侧。坐北向南的院落，土地龛设在东侧，门神龛设在西侧。岁时拜祭，一是重视土地、祈求保佑农业丰收，再是祈求宅内辟邪、家人平安。如果是一进院，则设在两侧厢房的南侧墙壁上，位置仍是土地神在右，门神在左。土地龛上额写“土地”“土地堂”或“土地神”，两侧写“土恩深似海，地德厚如山”。门神龛上额有的写“门神”，有的写“门神祠”，两边则写“院有门神堂，出入保平安”等。因为在平遥话中前后鼻音不区别，故“安”和“堂”是押韵的。

图1－16 二进院两侧的土地龛和门神龛

图1－17 厢房南侧墙上的土地龛

图1－18 房顶（1）

图1－19 房顶（2）

图1－20 封火墙

房顶 [xuə^{13}tiŋ^{53}]

平遥人的房顶非常讲究。殷实人家多在屋顶建有风水墙、风水楼、风水影壁等，不愿让房顶低于周围人家的房顶，从风水的角度祈求家业发达、人丁兴旺。方法有多种：或加高正房的正脊做成高高的花栏墙；或沿窑洞的后墙高筑女儿墙；或做成砖影壁式风水墙；或在正中间的窑洞即“明间”的屋顶上做成小庙似的风水楼。高度要超过邻居正房的高度。另外，平遥民居多在屋脊处建造正脊，并在正脊两端安置垂脊。有的房顶还筑了防火用的“封火墙”[xuŋ^{13}xuei^{53} tɕ^{h}iaŋ^{13}]，即在单体建筑中，两山墙顶端呈台阶式的高墙。

房檐儿 [xuə^{13}iᴇ^{13}ʐʌʔ^{13}]

即屋檐，指房顶伸出墙外的部分。由于位置和类型不同，有不同的名称：屋顶平面凸出墙的房檐是“挑檐儿”[t^{h}iɔ^{53}iᴇ^{13}ʐʌʔ^{13}]；左中右三面很浅的房檐则是花檐儿[xuɑ^{31}iᴇ^{35}ʐʌʔ^{53}]。挑角[t^{h}iɔ^{53}tɕyʌʔ^{13}]是指房顶、庙宇、亭子等的飞檐。

图1－21 垂脊和正脊

图1－22 双坡顶的垂脊

图1－23 脊岭

椽儿 [tsʰuaŋ^{13}ʐʌʔ^{13}]

即椽子，是指放在檩子上架顶板和瓦的圆条木，一般与横梁垂直。

脊儿 [tɕiʌʔ^{13}ʐʌʔ^{13}]

即房脊，房顶上用脊瓦筑的高起的部分。正面的脊儿叫正脊，两侧山墙上垂下来的叫垂脊。脊的最高处叫脊岭[tɕiʌʔ^{35}liŋ^{53}]。

兽儿 [ʂəu^{35}ʐʌʔ^{53}]

即楼房顶上的瓦制兽。双坡顶的房顶上有正脊和四个垂脊，正脊两端两个加四个垂脊下端的各一个，就构成了“五脊六兽”。不过民宅的兽儿与寺庙等大型建筑上同样位置的鸱吻或“吻”[uŋ^{53}]造型有区别。一般认为这是神兽，可以起吉祥、装饰和保护建筑的三重作用。

图1－24 兽儿（1）

图1－25 兽儿（2）

图1－26 吞口（1）

图1－27 吞口（2）

吞口 [tuŋ^{13}k^{h}əu^{53}]

指正脊两侧的兽儿张着嘴噙着正脊的装置。以兽镇脊，避火消灾。于两坡瓦垅交汇点，以吞兽严密封固，防止雨水渗漏，既具有装饰美，又收护脊之实效。

卷棚顶 [tɕyE^{53}p^{h}əŋ^{13}tiŋ^{53}]

中国古建筑屋顶形式之一。双坡屋顶，两坡相交处不做大脊，由瓦垄直接卷过屋面成弧形的曲面房顶。其特点是没有正脊，屋面前坡与脊部呈弧形滚向后坡，具有一种曲线的阴柔之美。由于低于旁边建筑，故又在双坡的最高处建造一个风水楼，起到补救和装饰作用。

图1－28 卷棚顶

烟突 [iE^{31}t^{h}uʌʔ^{53}]

在平遥，与风水楼同样建在房顶上的烟囱也很有特点，除了日常生活中排烟的功能外，别致的造型也可以起到装饰的作用，美观大方。

图1－29 烟突（1）

图1－30 烟突（2）

图1－31 猫头

猫头 [mɔ¹³təu¹³]

房顶上厦边缘的瓦制猫头。在一串瓦的挡头起装饰作用。

瓦口 [uɑ⁵³kʰəu⁵³]

房檐边儿上支架瓦的横木。平遥建筑中一般在屋顶边沿的两角，各斜向竖立一个猫头瓦当，用以装饰，使屋檐角部翘起，显得活泼有动感。因燕子和麻雀等小鸟常在其下避雨，故叫作燕瓦[iE³⁵uɑ⁵³]。

扯牵 [tʂʰʅE⁵³tɕʰiE¹³]

房顶的构架中柱与柱之间的牵扯构件。一般为方型木。

图1－32 瓦口

图1－33 燕瓦

图1－34 扯牵（1）

图1－35 扯牵（2）

图1－36 墀头（1）

图1－37 墀头（2）

墀头 [tʂʅ^{13}təu^{13}]

传统建筑中，硬山式建筑的一个组件，是山墙伸出至檐柱以外的部分，用以支撑出檐。“出檐”[tsʰuʌʔ^{13}iᴇ^{13}]是最简化的墀头，由于其状似马头，因而其总体称之为“马头”[mɑ^{53}təu^{13}]。

承尘 [ʂʅ^{13}tʂəŋ^{13}]

即顶棚。刘熙《释名·释床帐》：“承尘，施于上，以承尘土也。”毕沅注：“今江淮谓之仰尘。”平遥又称为“托天板”[tʰuʌʔ^{31}tʰiᴇ^{35}paŋ^{53}]。

散水 [saŋ^{35}suei^{53}]

在院外街门两旁，置于房屋后墙根以防渗水的台阶。可以防止雨水积于墙根并渗下去损坏墙基，起到保护房屋的作用。

图1－38 散水

门子 [məŋ^{13}tsʌʔ^{13}]

平遥民居中有各式各样的门。院子最靠外临街的门叫街门[tɕiᴇ^{31}məŋ^{35}]；从外院进入里院的门称为二街门[ər^{35}tɕiᴇ^{31}məŋ^{35}]；如果是可进车的门，叫大门[tei^{35}məŋ^{53}]，大门多为随墙而筑的砖拱券门，偶见方形，其跨度大于任何一种门；从主院通往偏院的小门也叫做肋门门[lʌʔ^{31}məŋ^{35}məŋ^{53}]。

图1－39 街门（1）

图1－40 街门（2）

图1－41 大门

图1－42 垂花门楼（1）

图1－43 垂花门楼（2）

图1－44 门洞式街门

门楼子 [məŋ^{13}ləu^{13}tsʌʔ^{13}]

平遥的宅门大多有一个装饰性门楼子。其中木构垂花门很有代表性，是平遥沿街巷最典型的宅门，开间较大，门上檐柱不落地，而是悬于中柱穿枋上，柱上刻有花瓣等华丽的木雕，十分醒目。常见的门顶还有门洞式的，多称“门洞洞”[məŋ^{13}tuŋ^{35}tuŋ^{53}]。一般在四合院的入口处，门外侧的墙上砌方砖，构成廊心墙。最朴素的砖雕街门，门框两旁是砖柱，顶部加几层檐砖，盖成双瓦坡顶状或砖雕门楼。

图1－45 屏门的门框

图1－46 转扇儿（简易屏门）

转扇儿 [tsuaŋ^{35}ʂɑ^{53}ʐʌʔ^{31}]

即内宅门进去一两米处又设的一道屏门，由一双檐柱支撑屋顶，屏门设在两檐柱之间，平时紧闭以遮挡门外视线，人进去时从左右进入。只有逢年过节、婚丧嫁娶、迎宾接客时才会打开屏门走正中。以前原装的雕花“转扇子”屏门现在已经看不到了，有的只留有屏门的门框，有的在门框上新补了简易的平板。图 1–45、1–46 分别是屏门门框和新补的简易屏门。

风门儿 [xuŋ^{31}məŋ^{35}ʐʌʔ^{53}]

类似北京的纱门儿。门扇是可以活动的。天冷时可以起到防寒保暖的作用；天气热时可以拆卸下来，挂上竹帘或其他门帘。

图1－47 风门儿

图1－48 以竹帘取代风门儿

图1－49 摘下的风门儿

门关关 [məŋ^{13}kuaŋ^{31}kuaŋ^{13}]

即门内侧的门闩。门有很多体现民俗智慧的细节。如门关关上的暗闩叫"偷视鬼"[t^{h}əu^{31}sʅ^{35}kuei^{53}]（图 1–51），是用来防小偷的暗道机关，寓意暗中把门；院门上方与门框相接处，插入一短木称"门垫垫"[məŋ^{13}tiᴇ^{53} tiᴇ^{35}]（图 1–52），别住一扇门使之不可推开。

图1－50 门关关

图1－51 偷视鬼

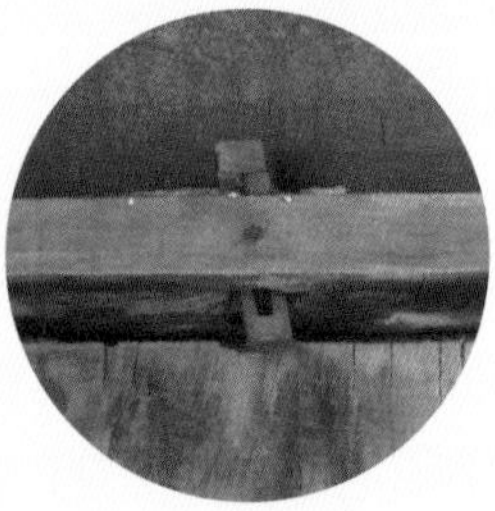

图1－52 门垫垫

门钹 [məŋ^{13}pʌʔ^{13}]

钉在大门上的钹形金属制品，上面钉着"门环环"[məŋ^{13}xuaŋ^{13}xuaŋ^{13}]（图 1–53），既可供来客叩门，也可作为拉手开闭大门；大多数街门下都有一尺多高的门槛，叫"门限限"[məŋ^{31}ɕiᴇ^{35}ɕiᴇ^{53}]（图 1–54），寓意肥水不外流，有的还做成可插入可抽出的活动门槛，以便于各类车进出；在街门内侧，一般民居都会在门后放置一根较粗的木棒，与门形成夹角，叫作"抵门拐"[ti^{53}məŋ^{35}kuæ^{53}]（图 1–55），即顶门棍，用以防盗，一般为丁字形，现也有直木形；钉在门上用来扣住左右两扇门的金属部件一边叫"门搭搭"[məŋ^{13}tʌʔ^{31}tʌʔ^{35}]，即大门钌铞儿；另一边叫"老乌鸦圪嘴"[lɔ^{53}uɑ^{13}kʌʔ^{35}tsuei^{53}]，即门屈戌儿（图 1–56）。平遥民居至今仍用。

图1－53 门钹、门环环

图1－54 门环环、门限限

图1－55 抵门拐

图1－56 老乌鸦圪嘴、门搭搭

窗子 [suə^{31}tsʌʔ^{35}]

即窗户。一般用木结构上糊纸的方式，殷实人家的房屋窗户一般有三层：中间一层是固定的“什锦窗棂”[ʂ̩ʌʔ^{3}tɕiŋ^{53}suə^{13}liŋ^{13}]的玻璃窗，纸与玻璃相间突出“棂花”[liŋ^{13}xuɑ^{13}]图像；窗户内侧安置对开的木门，也称“实门儿”[ʂ̩ʌʔ^{53}məŋ^{35}ʐ̩ʌʔ^{53}]，有的绘制了漂亮的图案，夜间一般关闭，用来保温和防盗。

图1－57 什锦窗棂、棂花

图1－58 讲究的棂花

图1－59 实门的里外两面

图1－60 外窗儿、窗圪台

图1－61 门脑窗

图1－62 门匾——凝秀

图1－63 门匾——树德

外窗儿 [uæ^{35}suə^{31}ʐʌʔ^{53}]

即设在窗户的外侧糊有麻纸的、可推拉的活动窗扇。关闭后可遮挡玻璃窗视线，同时和两侧纸糊窗户形成一致。窗户下方砖砌的窗台叫作窗圪台[suə^{31}kʌʔ^{53}tæ^{31}]。大窗户旁边的小窗户叫作槛窗窗[k^{h}ɑŋ^{13}suə^{31}suə^{35}]，现在多数已演变为窗间墙，即窗户两侧的墙壁。多数家庭的门上都有“门脑窗”[məŋ^{35}nɔ^{53}suə^{31}]（图 1–61），也叫作“门顶窗儿”[məŋ^{35}tiŋ^{53}suə^{31}ʐʌʔ^{35}]。

门匾 [məŋ^{13}piᴇ^{53}]

即街门上方的匾额，也叫门头匾。门匾上写有表达主人情操或时代精神的词语。在平遥县城和农村的传统民居的宅门上，匾额文字多取于儒家经典，也有标榜家世、祈求祥瑞的。门匾有木雕、砖雕、石雕等，以木雕最多。榜书多出自名家之手。

图1－64 门匾——耕读

图1－65 风水楼（1）

风水楼 [xuŋ^{13}suei^{53}ləu^{13}]

风水楼指的是常在屋顶上用砖瓦搭建的小的房屋造型，是平遥民居习见的建筑标志，搭建风水楼常常是对房屋高度的补救措施，民间有“高一寸为一丈”的说法。农村常见的风水楼是用瓦片垒成的三角形，也非常有特色。寺庙的屋顶中央如果是琉璃瓦覆盖，其正脊即有用琉璃瓦制成的精致的房屋造型，也起到了占据制高点的作用。

图1－66 风水楼（2）

图1－67 寺庙简易风水楼

图1－68 悬鱼

悬鱼 [ɕyE13ȵy13]

悬鱼位于建筑两山间，垂于前后博风板交接处。悬鱼是一种建筑装饰，用木板雕刻而成；硬山顶建筑则多为砖雕。因为最初为鱼形，并从山面顶端悬垂，所以称为“悬鱼”。“悬鱼”还是官吏廉洁的象征。这一象征意义来源于“悬鱼太守”，指的是南阳郡太守羊续在任上廉洁自守，悬鱼在屋外拒贿一事。《后汉书·羊续传》记载，东汉羊续任南阳太守时，下属送给他生鱼，他收下来悬挂在院子里，后来此人又送鱼给他，他把上次悬挂的鱼给这人看，叫他以后不要再送。宋徐积有诗云：“爱士主人新置榻，清身太守旧悬鱼。”

图1－69 悬鱼细节

图1－70 花栏墙（1）

图1－71 花栏墙（2）

图1－72 花栏墙（3）

花栏墙 [xuɑ^{31}lɑŋ^{35}tɕyə^{13}]

用瓦或砖砌成透空图案的墙体。在平遥城古民宅中，花栏墙随处可见。修在锢窑四周墙头的花栏墙是女儿墙，它完善了一座单体建筑的轮廓。修在单坡顶屋后檐墙头时，花栏墙增加了屋舍的高度。花栏墙还有调节门墙、围墙高度的作用。门墙、围墙过高时，宅院沉闷闭塞，阴气过盛；墙若太低，安全不保。化解这一矛盾的最好办法是：在较低的实墙上加筑一定高度的花栏墙。虚实相间的墙头会使气流通畅，光线柔和，取得阴阳平衡。

泰山石敢当 [tʰæ^{35}sɑŋ^{13}ʂʌʔ^{53}kɑŋ^{53}tɑŋ^{35}]

即石敢当，用以辟邪的石碑。嵌或刻于街巷中尤其是丁字路口等路冲处被称为凶位的墙上。石碑上刻有“石敢当”或“泰山石敢当”字样，在碑额上还有螭首等浅浮雕。石敢当的用意在于压不祥、辟邪、驱风、防水、止煞、消灾等。

图1－73 泰山石敢当

图1－74 窑儿（1）

图1－75 窑儿（2）

窑儿 [iɔ^{13}ʐʌʔ^{13}]

即窑洞。砖砌窑洞不仅在平遥古城及平川地带较多，在乡村也有不少。在地处东南沿山的乡村，还有靠山挖土而建的土窑洞。砖砌的窑洞顶子和后面都很厚实，依山而挖的窑洞更是窑顶和后面都有靠山。土窑洞一般深达六米以上，故与一般房子相比，“窑儿”具有冬暖夏凉的优点。农村的老人一般不愿跟子女进城而留恋这种老家的土窑儿。

图1－76 土窑儿

图1－77 砖砌的窑儿

砖窑 [tsuaŋ^{13}iɔ^{13}]

即用砖瓦砌成的窑洞。县城大宅院的正房往往为砖窑洞，但两侧为厢房而非窑洞。农村住户大都是砖院砖窑，正面和两侧均为窑洞。砖砌的窑洞及其院落布局与城镇的院落一致，同样有四合院、二进院、三进院等类型。一般正面五孔窑洞，所不同的是，正房两侧的梢间成了“角窑”[tɕyʌʔ^{31}iɔ^{35}]，东西厢房成了东窑西窑，东西耳房成了耳窑[ər^{53}iɔ^{13}]（见图 1–78、1–79）。闷窑[məŋ^{35}iɔ^{13}]指大门两侧窗户顶部类似窑洞顶的房子。

图1－78 西耳窑

图1－79 东耳窑

图1－80 院门（1）

图1－81 院门（2）

梁村 [luə^{13}tsʰuŋ^{13}]

平遥县岳壁乡梁村位于古城东南 6 公里处，是一个文化名村，素有“平遥四百零八村，数一数二数梁村”的美誉。民间也流传有“先有源池梁村，后有平遥古城”的说法。梁村是第三批“中国历史文化名村”，为平遥第二大票号蔚泰厚总经理、蔚字五联号总管毛鸿瀚故居所在，此外还有邓旺庆故居、冀鼎选故居、白氏故居、梁氏旧宅、史氏旧宅等 132 座老院落。这些院落保存完整，院门高大可进车，有的门匾上雕有“耕读”二字（见图 1–80、1–81）。梁村由五个古堡组成，分别是东和堡、西宁堡、昌泰堡、南乾堡和天顺堡，其中尤以天顺堡和南乾堡保存最为完整。五个古堡容纳了梁村的大部分民居建筑。

天顺堡 [tʰiᴇ^{13}suŋ^{31}pu^{53}]

在平遥，堡是一种封闭性的居民集落。梁村的堡是以一条街巷为中轴的居民区，街巷的两端建有门楼，两侧多条胡同中均有一排两三个院落。天顺堡最有名气，建筑格局及院落保留得比较完整。

图1－82 天顺堡入口

图1－83 天顺堡内的主道

赤启子窑儿 [ʂʌʔ^{31}tuʌʔ^{13}tsʌʔ^{13}iɔ^{13}zʌʔ^{13}]

指没有前檐的窑。“启子”，屁股，“赤启子”是光屁股的意思。

土窑 [t^{h}u^{53}iɔ^{13}]

指依山挖土而成的窑洞。平遥东南靠山一带的丘陵地区的乡村，一般住土窑洞。窑洞里面的墙用泥抹平，外面有的用砖砌面，可以防雨，保护土窑洞。

图1－84 赤启子窑儿

图1－85 土窑儿（砖面）

墼窑 [tɕiʌʔ^{13}iɔ^{13}]

用墼建的窑洞。用墼垒的院墙，叫“墼墙”[tɕiʌʔ^{31}tɕyə^{35}]。用土墼建筑的土窑不同于依山而挖的窑洞，没有靠山和厚厚的房顶。土墼窑的墙壁用土坯堆砌，窑顶上有的铺砖用以防水。

图1-86 墼窑

图1－87 土院落

图1－88 农村土窑儿建筑

图1-89 土墙墙

墙儿 [tɕyə^{13}ʐʌʔ^{13}]

即墙。也叫“墙墙”[tɕyə^{13}tɕyə^{13}]。“土墼墙”[t^{h}u^{53}tɕiʌʔ^{31}tɕyə^{35}]，指用土坯砌的墙。“土墙墙”[t^{h}u^{53}tɕyə^{35}tɕyə^{53}]，指用土筑成的墙。

十字窑 [ʂʌʔ^{53}tsɿ^{35}iɔ^{13}]

即中间一个主窑洞，左右两侧又有横向的窑洞，从而形成了一个十字形的窑洞建筑，有点类似堂屋和侧屋的关系。这种窑洞不仅具有冬暖夏凉的优点，而且空间大，适合多人口家族居住，同时也适合作为集会场所。

图1-90 十字窑（1）

图1-91 十字窑（2）

二　古城

城墙 [$tʂ^{h}əŋ^{13}tɕyə^{13}$]

明洪武三年（1370），为防外族侵扰，平遥从西北两面扩建城墙，明嘉靖、隆庆年间增修。清康熙四十二年（1703），因皇帝路经平遥，重筑四面大城楼。城墙总面积 2.25 平方公里，高 10 米，周长 6162.28 米，有城门六道，南北各一，东西（上东门、下东门、上西门、下西门）各二。整座城池状如乌龟，俗称龟城。南门为头，北门为尾，东西四门似龟腿屈伸。城墙三面俱直，只有南面蜿蜒曲折。一是暗合“龟前戏水，山水朝阳”的建筑意象；二是表达建筑者向往和平之意，三面俱直如弓弦，南面蜿蜒表达弦松之意。六道城门各建重楼，城楼四角各建一座角楼。四周建敌楼 71 座，连同城南角的魁星阁共 72 座，并有 3000 个垛口，象征孔子 3000 弟子，72 贤人。城墙外有护城河，深广各一丈。1986 年平遥被列为国务院公布的国家历史文化名城，1997 年被联合国教科文组织正式确定为世界文化遗产。

图1－92 城墙

图1－93 登城马道

登城马道 [təŋ^{13}tʂʰəŋ^{13}mɑ^{53}tɔ^{35}]

也叫“点将台马道”，古城六门里面和点将台南面均建有砖砌登城马道，马道以条砖侧铺而成，也有左右筑为台阶的，中间侧铺供马上下。

城门楼 [tʂʰəŋ^{13}məŋ^{35}ləu^{13}]

城门楼是三层重檐歇山顶[ɕiʌʔ^{31}sɑŋ^{35}tiŋ^{53}]的大城楼，建在平遥城墙的主门迎薰门（即南门）之上，气势雄伟，是进入平遥古城的主要通道。薰，香气，和风。薰同熏，还有暖、热之意。“迎薰”指香气、和风进入南门，隐含着祥和美好，喜庆大吉之意。取舜《南风》歌中“南风之薰兮，可以解吾民之愠兮”之句意。

图1－94 城门楼（正面）

图1－95 城门楼（背面）

图1－96 炮台

图1－97 瓮城

炮台 [p^{h}ɔ^{35}t^{h}æ^{13}]

为抵御敌人而架设的火炮的台基。

瓮城 [uŋ^{35}tʂ^{h}əŋ^{13}]

瓮城也称作月城，是为了加强城堡或关隘的防守，而在城门外（亦有在城门内侧的特例）修建的半圆形或方形的护门小城。瓮城两侧与城墙连在一起，设有箭楼、门闸、雉堞等防御设施。瓮城城门通常与所保护的城门不在同一直线上，以防攻城槌等武器的进攻，增强城池的防御能力。如遇情况，即关闭城门，形成“瓮中捉鳖”之势。

角楼 [tɕyʌʔ^{31}ləu^{35}]

指在每个角台上所建的一座楼橹。角楼之朝向与大墙呈 135° 角，楼的高度、体量介于城楼和敌楼之间。角台是突出于城墙四角、与墙身连为一体的墩台。角楼共四座。其形制为砖木结构的二层楼阁，楼顶为单檐歇山顶式，集防御和装饰功用于一体。

图1－98 角楼（1）

图1－99 角楼（2）

图1－100 敌楼（1）

图1－101 敌楼（2）

图1－102 太和门敌楼（1）

敌楼 [tiʌʔ^{53}ləu^{35}]

又称堞楼。指建于墩台之上用于瞭望敌情的小楼，一般每间隔 60 ~ 100 米即有一个。其作用在于御敌，共 72 座，喻孔门 72 贤人。

太和门 [t^{h}æ^{35}xuə^{13}məŋ^{13}]

太和门俗称上东门，也是平遥百姓心目中城墙的正门。旧时平遥县长上任要走此门，讲究吉利。此门不同于其他五个门，上面的两个敌楼上（ 65，66 号 ）有兽的装饰，而其他敌楼上均无脊兽。

图1－103 太和门敌楼（2）

图1－104 马面（1）

图1－105 马面（2）

马面 [mɑ^{53}miᴇ^{35}]

也称墩台。是城墙中向外突出的坚固墙体，其本质是起军事防御作用。因为它形体修长，如同马的脸面，故称马面。

马墙 [mɑ^{53}tɕyə^{13}]

指墙面大体和战马同宽、同高，用来保护马的墙，故称为“马墙”。城墙上与马墙相对的矮墙叫作护身墙[xu^{35}ʂəŋ^{13}tɕyə^{13}]，又被称作“女儿墙”。

垛口 [tuə^{13}kʰəu^{53}]

指城墙上呈凹凸形的短墙。在墙顶外侧的迎敌方向，修筑有两米高的齿形垛口，是战斗人员瞭望敌情、射击敌人时掩护自己用的。具体构造是：从墙上地坪开始砌至人体胸腹部高度时，再开始砌筑垛口，一般砌筑成矩形。垛口上部砌有一个小方洞即瞭望口[liɔ^{35}uə^{35}kʰəu^{53}]。瞭望口的左右侧面砖呈内外八字形，这是为了便于瞭望敌人，又不易被敌箭射中。马墙下部的小方洞是铳眼[tsʰuŋ^{13}ȵiɑŋ^{53}]，铳即大炮，即将大炮的炮筒插进铳眼攻击敌人。发射孔底面向下倾，便于向城下扫射敌人。

图1－106 马墙

图1－107 垛口

魁星楼 [$k^hueị^{13}\text{ɕiŋ}^{13}\text{ləu}^{13}$]

魁星楼位于平遥城墙东南角，创修于清康熙三十九年（1700），清同治十二年（1873）重修。魁星楼与文庙相呼应，魁星楼楼身通高24米，上下双层，底层砖砌，正中辟有拱券式通道，旁设砖台阶盘曲而上，顶层建八角攒尖亭，造型精巧。亭上覆盖琉璃瓦，色泽亮丽，光彩夺目，是城墙顶的又一道风景线。魁星，又名"璇玑"，是北斗七星中前四颗星（天枢、天璇、天玑、天权）的总称。因为这四颗星排列如斗，所以用魁（魁字在《说文解字》中解释为"羹斗"，即汤勺）来命名。另外，在中国古代，二十八宿之一的魁星，被道教尊为主宰文运的神，是文昌帝君的侍神，因此成为旧时读书人于文昌帝外崇信最笃的神。魁星信仰盛于宋代，经久不衰。

图1-108 魁星楼（1）

图1-109 魁星楼（2）

文昌阁 [uŋ^{13}tʂɑŋ^{13}kʌʔ^{13}]

文昌阁即奉祀文昌君之阁。道家称文昌神为梓潼帝君，是掌管人间功名禄籍的神。旧时农历二月初三为文昌帝君圣诞，每逢二月、七月上旬要举行祭祀活动。在平遥人心目中，文昌君和魁星一样，能够给当地人带来文运，故在清康熙年间创建文昌阁，清乾隆年间改修，咸丰年间又增建了南房，奉祀汉字之祖仓颉。遗憾的是，这一建筑在日本占领平遥期间被毁。在距离魁星楼不远的城墙上，有一个向里面凸出的墩台，这便是文昌阁的遗址。

街巷 [tɕiᴇ^{13}xuə^{53}]

平遥俗语称："四大街，八小街，七十二条蛐蜒街，数不清的一线天。"平遥城内有大小街巷 199 条。西大街、东大街横贯东西。南大街由南门而北，穿过市楼。四条主街呈"丰"字形。大街宽度约 5 米，最窄巷道宽度不到 1 米（见图 1–111）。城内街巷名称有"街""道""巷""巷巷儿""堡"等；乡村名称有"庄""堡""壁""郭"等。古城中心的标志为市楼。考察平遥的地名，不难发现民族混杂的历史遗迹。如"羌城村"，现称"大羌村""西羌村"，曾是羌人所居。据清光绪八年《平遥县志》，"羌城在县西四十里，汉建安中筑此，以居羌人，清光绪初分为大羌、西羌"。当地传说，羌城是因三国时蜀将马超（西凉人，也称羌人）陈兵于此而得名。

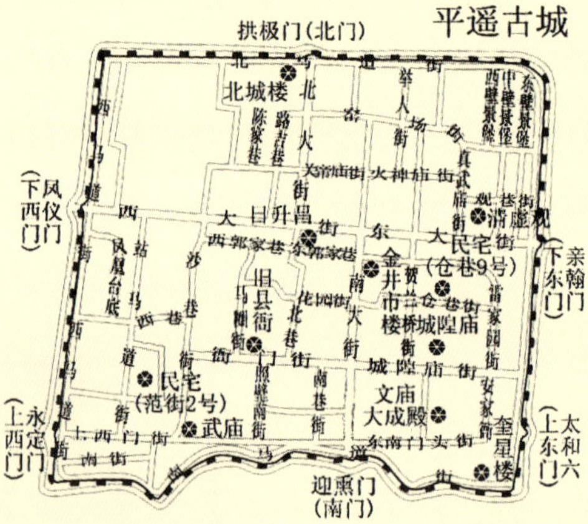

图1－110 古城街巷图

图1－111 一线天

市楼 [sɿ^{35}ləu^{13}]

全称“金井市楼”，位于古城中心，在南大街上。初建年无可考，但明代中期平遥人程文有诗赞金井曰 :“吾人咸赖资生育，永济遥民亿万年。”金井市楼是平遥古城的中心，贯通南大街南北。日有“朝”“午”“夕”三市，市楼由此得名。市楼南偏东有水井一眼，世传“水色如金”，故又有金井楼的美称。市楼为三层三重檐，木构歇山顶，平面呈方形。底层南北向为通道，木板为顶。东西各有券门一个。四角立柱通天，外用青砖砌包 ; 第二层为一方室，四周环廊，南向旧塑关圣大帝像，北向增塑观音大士像 ; 最上一层为奎光阁，以为人文观兴之所（据清赵谦德《重修金井楼记》）。楼顶为黄绿琉璃瓦造顶，南北坡组成“喜”和“寿”字样图案，层脊正中为琉璃宝瓶，两端为琉璃吻兽。整个市楼挺拔高耸，玲珑秀丽，古朴典雅，通高 18.5 米，是平遥古城内的最高建筑物，也是全城的标志性建筑物。

图1－112 市楼（1）

图1－113 市楼（2）

图1－114 南大街（1）

南大街 [nɑŋ^{13}tɑ^{35}tɕiᴇ^{13}]

图1－115 南大街（2）

平遥南大街始创于咸丰六年(1856)，是平遥古城对称式格局的中轴线。北起东、西大街街接处，南到南门，以古市楼贯穿南北，自古就是平遥县最繁华的商业中心。街道两侧的店铺都是具有明清风格的建筑。清朝时期南大街控制着全国一半以上的金融机构。现在也是一条游客络绎不绝的繁华商业街。

北大街 [piʌʔ^{31}tɑ^{35}tɕiᴇ^{13}]

旧俗称“北门头”[piʌʔ^{31}meŋ^{35}təu^{13}]。按其在北半城所处的地理位置，应是南北向的中轴线了，念其“居中为尊”，后来才赋予了“北大街”的雅号。北大街是正对着北门（拱极门）的南北向主干街，北起瓮城脚下，南至西大街，长557米，宽4米。街道两旁古朴的房舍高低错落，“前店后居”者甚多。旧时店铺作坊林立，形成一条行业街，现在仍然很繁华。

东大街 [tuŋ^{13}tɑ^{35}tɕiᴇ^{13}]

正对下东门（亲翰门）的一段东西向主干街，东起亲翰门里，西至南大街北端，长571米，宽5米。在金元明清时代，东大街既是交通要道也是商业街衢。街上有县内规模最大、创建最早的道教建筑——清虚观。

西大街 [sei^{13}tɑ^{35}tɕiᴇ^{13}]

正对下西门（凤仪门）的一段东西向主干街，西起凤仪门里，东至南大街北端，长861米，宽5.1米，这条街有吉福寺、五道庙、鲁班庙等建筑，同时又有各种“前店后居”“前店后厂”式的店铺字号，可谓是晋商钱庄的发祥地、平遥票号帮的摇篮。

衙门街 [ȵiɑ^{13}məŋ^{35}tɕiᴇ^{13}]

从南大街鸡市口向西伸展至马圈巷南口的东西向横街。此街以旧时衙门平遥县署而得名，街长292.5米，宽5.2米。1949年后更名为政府街。平遥县署是全国现存规模最大的县衙。在县署东侧还有体察民情民风的观风楼[kuaŋ^{13}xuŋ^{13}ləu^{13}]（图1–117）。

西湖景街 [sei^{13}xu^{53}tɕiŋ^{53}tɕiᴇ^{13}]

位于沙巷街南段路东，西起沙巷街，东接衙门街，长175米，宽4米，东高西低。街之东段，古有佛教“西方境”殿，内供“西方三圣”，宣扬“西方境地”。街以佛殿得名，因平遥话“方”“湖”音近而讹传为“西湖景”。

海子街 [xæ^{53}tsʌʔ^{53}tɕiᴇ^{13}]

从北大街中段向西伸展的横街，东起北大街，与关帝庙街隔道相望，西至孟家堡南口，长234米，宽2.5米。据说早年街西地势低洼而不规整，雨后积水为患，故名海子街。相传清同治年间，有绅士梁芳发

图1－116 县衙

图1－117 观风楼

起，欲在此地营造公共园林，但半途而废。在山西其他地方也有一些叫作“海子”的地名，如太原有“海子边”，均为洼地或者曾是湖泊所在。

甜水巷巷儿 [tiᴇ^{35}suei^{53}xuə^{35}xuə^{53}ʐʌʔ^{31}]

位于窑场街东段路北，南起窑场街，北至北马道，长 236 米，宽 2 米。因早年巷内井水甘甜，远近闻名而得名。

关帝庙街 [kuɑŋ^{31}ti^{13}miɔ^{35}tɕiᴇ^{13}]

以庙得名，西起北大街，东至东水道巷南口，是北大街中段向东伸展的横街。

真武庙街 [tʂəŋ^{13}u^{53}miɔ^{35}tɕiᴇ^{31}]

位于东大街东段北路，南起东大街，北至真武庙（今不存）前，南高北低，长 379 米，宽 4 米。街以庙得名，是东大街去往城北的重要通道。

高庙底街 [kɔ^{13}miɔ^{35}ti^{53}tɕiᴇ^{13}]

位于雷家园街北段路东，西起雷家园街，东至城墙根，长 100 米，宽 4 米。此街向东直冲城墙墙头的高真庙和墙根的观音堂，俗称“高庙底”。

火神庙街 [xuei^{53}ʂəŋ^{13}miɔ^{35}tɕiᴇ^{13}]

以庙得名，西起东水道巷南口，东至真武庙街，与关帝庙街相接。

五道庙巷 [uʌʔ^{53}tɔ^{35}miɔ^{13}xuə^{13}]

位于西大街中段路北，南起西大街，北至海子街西端，长 180 米，宽 4 米。此系五道庙（今不存）右侧的南北通道。五道庙内，早年长期住有道姑，故习惯称之为“姑子庙巷巷”。

罗汉庙街 [lei^{13}xɑŋ^{35}miɔ^{35}tɕiᴇ^{13}]

位于上西门街中段南路，北起上西门街，西至南街东口，南至南马道，东至民宅墙根，全长 295 米，宽 3.8 米，迂回贯通。因街内原有罗汉庙而得名。

郭家巷 [kuɑ^{13}xuə^{35}]

“郭[kuʌʔ^{13}]家[tɕiɑ^{13}]”合音为[kuɑ^{13}]。“一线天”类型的窄胡同，位于市楼北之路西，

街以姓氏得名，东起南大街，西至沙巷街，中途以二合木长巷为界，分东郭家巷和西郭家巷。

马圈巷 [mɑ^{53}tɕyə^{35}xuə^{13}]

位于衙门街西端北路，南起衙门街西端，北至西郭家巷，与石头坡十字相交，长375米，宽6米。巷之东侧，古有衙署的马厩、马王庙（今废）和称作“马号儿”的地段，惯称“马圈儿”[mɑ^{53}tɕyə^{35}ẓʌʔ^{31}]。

壁景堡 [piʌʔ^{31}tɕiŋ^{53}pu^{53}]

“堡”为封闭型居民集落，《左传·襄公八年》有“焚我郊堡，冯陵我城郭”之语。平遥县这类建筑较多，如梁村的天顺堡。壁景堡由南北向的东、中、西三个堡并列组成。东壁景堡南起堡门，北至旧关帝庙，后延伸至北马道，全长170米，宽3.5米；中壁景堡南起堡门，北至旧观音堂，后延伸至北马道，全长300米，宽3.5米；西壁景堡南起堡门，北至旧关帝庙，后延伸至北马道，全长290米，宽3.5米。东、中、西每座堡之南端，原均有堡门面临堡外街，堡内均有水井。清光绪八年《平遥县志》的“县城图”中，将此堡标为“北京堡”，“北京”与“壁景”同音，地名来历待考。“壁景堡”留下了古代“里坊制”的痕迹。

蚰蜒巷巷儿 [iəu^{13}iᴇ^{13}xuə^{35}xuə^{53}ẓʌʔ^{31}]

位于衙门街和花园街过渡的地方，因其狭窄、弯曲似蚰蜒而得名，又戏称为“夹扁得老巷巷”，意即其狭窄度可以把头夹扁。“得老”指“头”。蚰蜒巷巷儿旧时多住鼓乐队、艺人。

举人街 [tɕy^{53}ẓəŋ^{35}tɕiᴇ^{13}]

北大街附近的小巷，全长38米。举人街位于窑场街中段路北，南起窑场街，北至北马道，曾名德胜街，清道光二十六年（1846），街内有段腾龙中举，遂改称“举人街”。

书院街 [sɥ^{31}yᴇ^{35}tɕiᴇ^{31}]

西接上西门街，东至古西河书院。此街本属上西门街，只因古有西河书院坐落在街东端，遂成一方胜境，昔称“书院门前”。街长231.3米，宽5.2米，武庙位居书院街西端，与城东南隅之文庙对应。这些街名都诉说着平遥的历史。

三　建筑活动

平遥建筑有很多风俗讲究，农村院落可在房前屋后栽植树木，以枣树为多，也有其他树木，有“前槐后柳，富贵常有”的说法。修建房屋选址时要请阴阳家看风水、测山象。破土动工要择良时吉日，用特定的祭品供奉土神，完工后大谢土神；修建期间要一直挑红辟邪；上梁时要贴对联、放鞭炮，宴请工匠及邻友，以表酬谢之意。另外，在胡同的对面要修庙或照壁，绝对不建住人院落。建成后迁居时，平遥人更是十分讲究安置辟邪之物并设香案供品进行祭拜。

盖房 [kæ^{35}xuə^{13}]

民间建房，开工之日必祀神，神主写“姜太公在此诸神退位”。据说姜太公在封神时，安排神灵各得其所，却忘了给自己一席之地，凭着“公而忘私”，去任何地方栖身都受尊重，因而老百姓心目中的姜太公地位最高。如工程需在某处动土，只要姜太公出面，凶神就只能暂时退位了。

塞底 [sʌʔ^{13}ti^{53}]

打地基。房基叫“根脚”[kəŋ^{31}tɕyə^{35}]。

上梁 [suə^{13}luə^{13}]

立架上梁，也叫“起大梁”，需选黄道吉日。上梁之日，要挂红结彩，张贴喜联，鸣放鞭炮，宅主要在梁架前设香案，上供品，进香祈福。同时，木匠大师傅拎着酒瓶去浇梁，口中即兴念词，有人一边提着斧头，随时敲打矫正某梁的位置。其顺序为：

第一步，浇酒，口中要念叨：

黄道吉日来上梁，紫微高照送吉祥。

风水宝地鞭炮响，人夫匹马喜洋洋。

磕罢头，烧罢香，三杯御酒来浇梁。

头杯酒，浇梁头，祖祖辈辈封王侯。

……

第二步，要撒主家事先提供的特制小馒头，口中要念叨：

一撒东方甲乙木，二撒西方庚辛金。

三撒南方丙丁火，四撒北方壬癸水，

五撒中央戊己土，四面八方全都有。

……

馒头一撒成金银，撒豆成金财源茂，

……

图1-118 上梁祭奠后场景

瓦瓦 [ua^{35}ua^{53}]

在房顶上铺瓦片（第一个“瓦”为动词，第二个“瓦”为名词）。

图1-119 瓦瓦（1）

图1-120 瓦瓦（2）

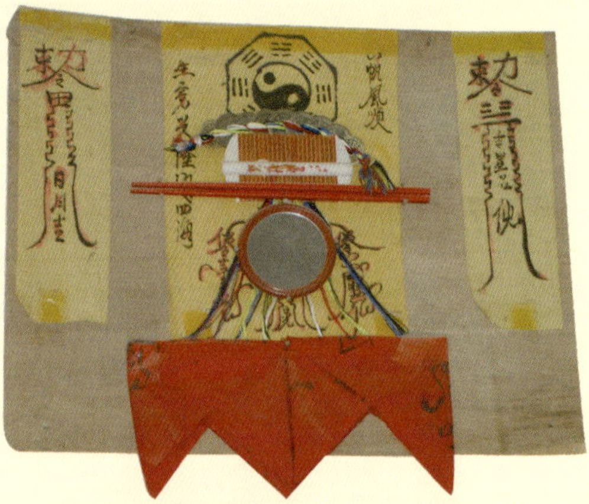

图1－121 带有“道符”的画

图1－122 搬家时墙壁上贴的八卦

搬家 [paŋ^{13}tɕiɑ^{13}]

迁往新居，首先要“填宅”或“奠宅”，杀一只引魂公鸡，以鸡血喷洒房院。搬迁时，要先搬进玻璃瓶子、案板、筷子、蜡烛、发面等东西，表示“平平（瓶瓶）安安（案板）”“快快（筷筷）乐乐（蜡蜡）”和“发福（发面）”之意。同时还要蒸制特制的面食，设香案进行祭奠，悬挂或粘贴特定的辟邪物件和图案以辟邪趋吉。有的要贴一张带有“道符”的画以镇宅辟邪。

图1－123 搬家时设香案祭奠

九鱼一兔 [tɕiəu^{53}ȵy^{13}iʌʔ^{13}t^{h}u^{35}]

乔迁时用的一种用白面捏的九条鲤鱼和一个兔子的面蒸食品。蒸熟后要点上食品红，用作暖房供品。民间俗谚有“九鱼一兔，越住越富”。

图1－124 九鱼一兔（1）

图1－125 九鱼一兔（2）

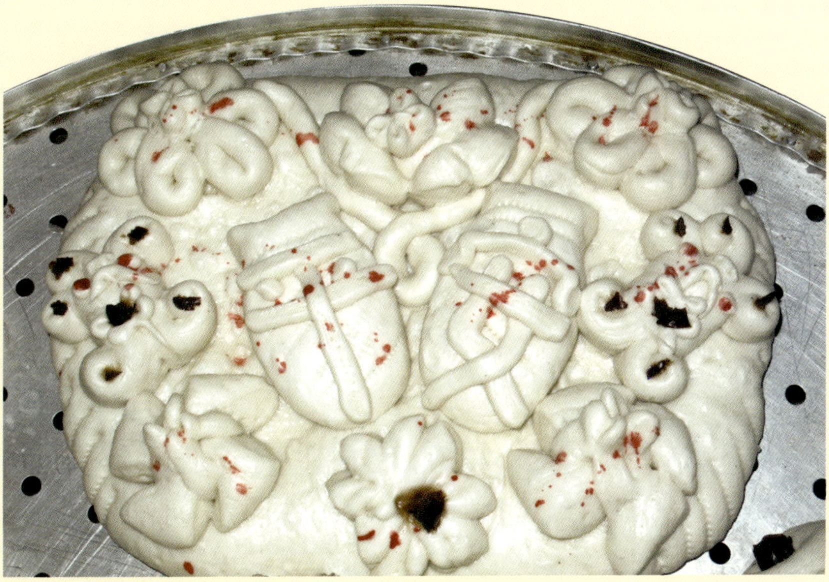

图1－126 创意乔迁花馍

贰·日常用具

图2－1 炕柜和衣镜

平遥人日常用具以实用为主，兼顾美观。旧时贫寒之家家具、卧具相对简单，谈不上讲究；中等以上人家，屋内陈设、日常用具则有所讲究，以显示其身份及地位。平遥多数人家的日常用具趋于现代，但最基本的用具及相应的习俗仍然体现黄土高原居民的保守性。就卧具来说，仍然是祖祖辈辈留下的炕，表现出浓厚的“炕文化”。这从“炕围子”“被阁子”“炕桌桌”等条目、图片可以看出。“衣刷子”是当地居民外出归家首用之物，用以拍打外出沾带的沙土。这些祖祖辈辈传下来的文化习俗，在农村仍然存在。

一　炊具及相关用具

平遥当地使用的炊具及用具以铜器、木器和陶瓦制器皿为主。做饭多用铁锅，炊具多为铜制，各种盆、罐、瓮则为瓦制或陶制，家具多为木制。

盔盔 [k^{h}uæ^{31}k^{h}uæ^{35}]

小的陶制器皿，可放少量的食品，也可盛汤，用途较广。有的有盖，有的两边有耳，可系绳或带子，用以手提或肩挑。

送饭盔盔 [suŋ^{35}fɑŋ^{35}k^{h}uæ^{31}k^{h}uæ^{35}]

一种上了釉的，为在地里劳动的人送饭用的陶器。一般内装米汤，上面放一个碗，碗内装干粮咸菜，上面再扣一个碗，将送饭盔盔放在一个细绳编的“绳络子”[ʂʅ^{13} lʌʔ^{53} tsʌʔ^{31}]（即网兜）里，系个疙瘩，把筷子别在疙瘩处，便于手提。

斗盔 [təu^{53}k^{h}uæ^{13}]

陶制器皿，深 40 ~ 50 厘米，能装一斗粮食，故名。

图2－2 斗盔（1）

图2－3 斗盔（2）

图2－4 五升盆盆和三升盆盆

盆盆 [pəŋ^{31}pəŋ^{31}]

和面用的一种瓦盆，大些的称“五升盆盆”[uʌʔ^{53} ʂʅ^{31}pəŋ^{31}pəŋ^{31}]，略小些的称“三升盆盆”[sɑŋ^{31}ʂʅ^{31}pəŋ^{31} pəŋ^{31}]。

罐罐 [kuɑŋ^{35}kuɑŋ^{53}]

小罐儿，有高有低，脖子处略细，陶瓷制品。其陶瓷质感比瓮好，釉细。

图2－5 罐罐

瓮 [uŋ^{35}]

平遥百姓家中常见的一种用具，陶制，施粗釉，用来盛水或放粮食，上粗下细。依大小不同而有不同名称，最大的称“大瓮”[tei^{35}uŋ^{53}]，高约1.5 米，装水用，也叫“水瓮”（图 2–6）；中等的，叫“二截瓮”[ər^{35}tɕiᴇ^{53}uŋ^{31}]，又叫“半截子瓮”或“兰⁼截瓮”[lɑŋ^{13}tɕiᴇ^{31}uŋ^{35}]，这种瓮除了可盛水放粮食外，还可腌菜（图 2–7）；再小一些的有“五直瓮”[uʌʔ^{53} tʂʌʔ^{31}uŋ^{31}]、“三直瓮”[sɑŋ^{31}tʂʌʔ^{53}uŋ^{35}]（图 2–8），最小的瓮似牛腿粗细，故名“牛腿腿”[ȵiəu^{53}tʰuæ^{53}tʰuæ^{31}]（图 2–9）。

图2－6 大瓮

图2－7 二截瓮

图2－8 五直瓮（大）和三直瓮（小）

图2－9 牛腿腿（里面腌制着酸菜）

瓦瓮 [uɑ^{53}uŋ^{35}]

一种瓦制瓮，比较粗糙，无釉，透气性好，普通百姓家里用来放米面粮食。俗语有“瓦瓮盒⁼里点灯，肚盒⁼里清楚”（瓦瓮里点灯——肚里清楚），意指自己心知肚明。

图2－10 瓦瓮

缸 [kɑŋ^{13}]

主要用于装水，肚儿大。平遥院中正房前常置一装满水的大缸，主要起消防作用，因旧时房屋为木制结构，故用水缸存水以备不时之需。此外，当地认为水象征财富，因此房前放置水缸又有聚财之意。

图2－11 缸

篓儿 [ləu^{53}ʐʌʔ^{13}]

一种盛放液体的用具。用荆条编胎，内用猪血灰抹过，麻纸裱糊，再漆上桐油，可盛放油、醋、酒等。

图2－12 篓儿

黑碗子 [xʌʔ^{35}uɑŋ^{53}tsʌʔ^{31}]

制作“黑碗子”肉菜用的很浅的碗。

图2－13 黑碗子（1）

图2－14 黑碗子（2）

钵子碗 [pʌʔ^{31}tsʌʔ^{35}uaŋ^{53}]

普通吃饭用的粗瓷碗。

图2－15 钵子碗

沙碗 [sa^{35}uaŋ^{53}]

比钵子碗更大的粗瓷碗，过去年轻小伙饭量大，吃饭用沙碗。

青碗 [tsʰei^{31}uaŋ^{53}]

细瓷碗的通称。

图2－16 沙碗（1）

图2－17 沙碗（2）

筒碟碟 [tɕiaŋ^{53}tiʌʔ^{53}tiʌʔ^{31}]

吃饺子等用来蘸醋的小碟子。

酒盅盅 [tɕiəu^{53}tsuŋ^{31}tsuŋ^{35}]

饮酒器皿。

调和钵钵 [tiɔ^{13}xuei^{13}pʌʔ^{53}pʌʔ^{31}]

放调料的小钵。

图2－18 青碗

图2－19 筒碟碟

图2－20 酒盅盅

图2－21 调和钵钵

三台碗 [saŋ^{13}tʰæ^{53}uaŋ^{31}]

平遥人接待贵客用的茶具。茶碗上有盖，下有托，旧时普通人家没有，只有大户人家才有。上茶后，客人喝时要先用盖儿拨一下浮在上面的茶叶。

图2－22 三台碗

茶壶 [tsʰɑ^{13}xu^{13}]

烧开水用的壶。平遥人十分重视礼仪，待客热情。有客人来，平常百姓家即使没有好茶，也要为来客冲碗红糖水以示礼貌。茶壶是常用的烧水用具。

图2－23 茶壶（1）

图2－24 茶壶（2）

茶汆儿 [tsʰɑ^{13}tsʰuaŋ^{31}ʐʌʔ^{35}]

也叫“汆壶”[tsʰuaŋ^{13}xu^{13}]，一种红铜制的烧水用具，细而长，口径小，上端开口，有把，直接插入灶中，烧水速度快。过去没有保温的热水瓶，喝热水都是即烧即用，茶汆儿是当地家庭常备的烧水用具。它具有烧水时间短、速度快的特点，有客人来，可方便地冲泡茶或糖水。

图2－25 茶汆儿

图2-26 鏊子

图2-27 念=念=

鏊子 [ŋɔ^{35}tsʌʔ^{53}]

两边有耳的“铛”，烙饼用。

念=念= [ȵiE^{53}ȵiE^{53}]

平时放置在火口上的一种用来盖火的鏊子。

火盖儿 [xuei^{53}kar^{35}]

盖在灶上小火口上的盖，打开可以往里面加煤。念=念=和火盖儿是平遥人家灶上的必备物品，分别盖在大小两个火口上。

套念=念= [t^{h}ɔ^{35}ȵiE^{53}ȵiE^{31}]

也叫“念=套套”[ȵiE^{35}t^{h}ɔ^{53}t^{h}ɔ^{31}]。置于火口的环形铸铁圈儿，遇到火口大而锅小的情况，把锅放在套念=念=上，可以调整火口大小，方便小口径锅的使用。

图2-28 火盖儿

图2-29 套念=念=

图2－30 火柱

图2－31 炉匙

火柱 [xuei^{53}tsɥ^{35}]

镰刀状的炉通条，前端略向上勾起（图 2–30）。平遥做饭使用的一般有两种灶火，一种是灶在室内，与炕相连，由于烟道经炕洞通向室外，自然产生空气压力差，无需外力鼓风，故名“吸灶火”，此灶火燃料为煤（当地人称“炭”[tʰɑŋ^{35}]）。火柱和“炉匙”[ləu^{13} sɿ^{13}]是吸灶火常用的工具。炉匙，为吸灶火添炭用的工具（图 2–31）。

另一种灶叫“立火”，是夏季搭建在室外的一种灶，由于夏季天热，使用室内的吸灶火会增加室内的温度。在破旧的瓮里糊上泥，就成为一个简易的立火。立火没有风源，所以会使用“风匣”[xuŋ^{31}xʌʔ^{53}]。立火的燃料包括泥炭、焦炭、煤核等。

风匣 [xuŋ^{31}xʌʔ^{53}]

风箱，一种鼓风工具，以人力拉动，用来为灶火鼓风。

图2－33 风匣内部构造

图2－32 风匣

图2－34 火锅子

火锅子 [xuei^{53}kuei^{31}tsʌʔ^{35}]

即火锅。平遥传统火锅为铜制，锅身刻有精美图案，以烧制的木炭作为燃料，锅内可煮或涮荤素多种食材，深受当地人的喜爱。招待重要客人时使用，显示对客人的重视。

锅拍 [kuei^{31}p^{h}iʌʔ^{35}]

即锅盖儿。可能因过去的锅盖是用高粱秆编成的拍子来充当，故得名。

图2－35 锅拍与锅

拍拍 [p^{h}iʌʔ^{31}p^{h}iʌʔ^{35}]

用高粱秆做成的“盖帘儿”，可用来摆放生饺子、面条、馒头等食品。

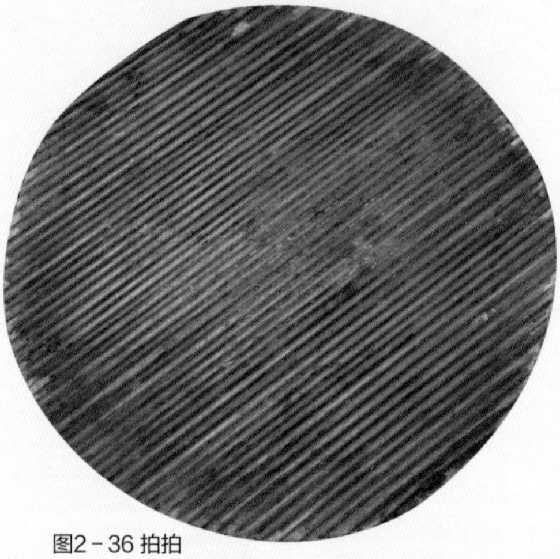

图2－36 拍拍

笊篱 [tsɔ^{35}li^{53}]

一种可滤水的炊具，用来捞面或其他食物。可用铜、铝、柳条等材料制作。

礤礤 [ts^{h}ʌʔ^{31}ts^{h}ʌʔ^{35}]

礤床儿。平遥当地一种用来制作面食的工具，外面是木制的框子，中间是有整齐均匀的带刃小孔的金属片，过去用黄铜制作，现在多用白铁皮。各种礤礤形状大致相同，但中间金属片上的小孔则在宽窄、大小、疏密方面有别，可制作的面食种类也因此而不同。礤礤可制的面食常见的有“擦蛇蚪”“擦片子”等，也可用来擦萝卜、土豆等。

抿床儿 [miŋ^{53}suə^{31}ʐʌʔ^{53}]

长方形木框中嵌带小圆孔的铜片或铁片。把和好的面放在上头，用“抿拐子”[miŋ^{53} kuæ^{51}tsʌʔ^{13}]推压，面条从圆孔垂下，落到锅里，制成的面食称“抿蛇蚪”。抿拐子，在抿床儿上压面成条的工具。“抿床儿”和“礤礤”几乎是平遥家家必备的制作面食的用具。

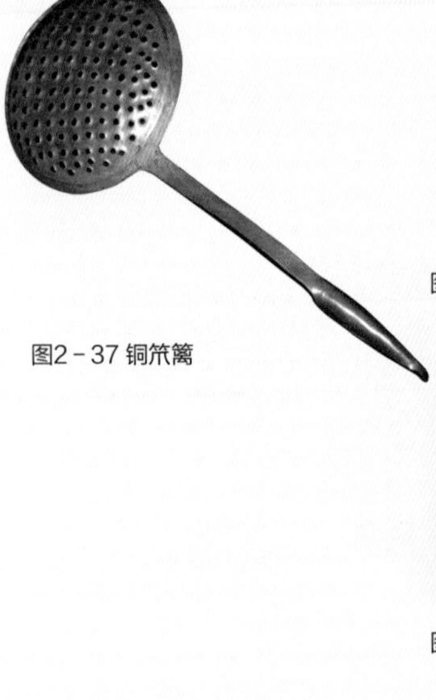

图2－37 铜笊篱

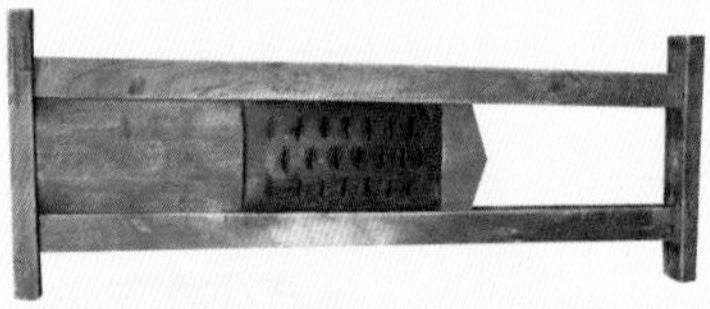

图2－38 礤礤（擦片子用）

图2－39 礤礤（擦蛇蚪用）

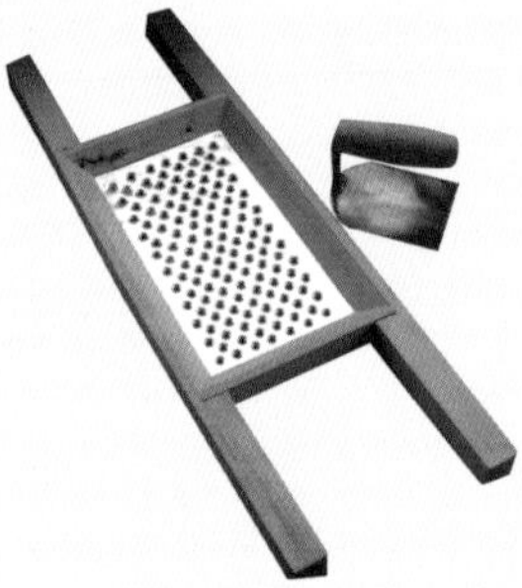

图2－40 抿床儿和抿拐子（抿蛇蚪用）

图2－41 笼甑甑（1）

图2－42 笼甑甑（2）

笼甑甑 [luŋ^{31}tsei^{35}tsei^{53}]

指三层以上的大蒸笼中的每一层，一般为普通家庭使用。更大些的蒸笼叫“笼床”[luŋ^{13}suə^{13}]，有好几层。

笼撑撑 [luŋ^{31}ts^{h}əŋ^{35}ts^{h}əŋ^{53}]

一种由高粱秸秆编制而成的可直接放在大锅里蒸食物用的箅子，也叫“秸箅箅”[tɕiʌʔ^{53}pi^{35}pi^{53}]。

图2－43 笼撑撑

锅圈圈 [kuei^{13}tɕ^{h}yE^{31}tɕ^{h}yE^{35}]

用来放置锅的架子。有圆形的，也有方形的；有金属的，也有木制的。

图2－44 锅圈圈（方形木制）

图2－45 锅圈圈（圆形铁制）

图2－46 河捞床床

河捞床床 [xei^{13}lɔ^{13}suə^{13}suə^{13}]

一种压面或粉条的家用食品加工工具，下有脚可将床身支在灶台上锅的上方，将揉好的面取合适的大小，搓成短棒塞入河捞床床的口内，利用杠杆原理将面从孔内压出，落入锅中直接煮，制成的面食称“河捞面”。因其制作简便，速度快，适合人多时候的做饭需求。

小磨 [ɕiɔ^{53}mei^{31}]

一种可手动推动的磨，磨盘很小，适合家用，可临时磨少量的粮食或豆子，也可用来制作豆腐。

油鳖儿 [iəu^{13}piʌʔ^{31}zʌʔ^{35}]

又叫煤油灯 [mæ^{13}iəu^{13}təŋ^{13}]，旧时的照明用具。将一根浸泡在煤油中的棉线捻点燃，用作室内照明。

图2－47 小磨

图2－48 油鳖儿

图2－49 衣刷子

图2－50 盆架子

衣刷子 [i^{31}suʌʔ^{35}tsʌʔ^{53}]

一种用来拍打衣服上灰尘的用具，在木柄的顶端绑系短布条制成。

盆架子 [pəŋ^{13}tɕiɑ^{35}tsʌʔ^{53}]

用来放置脸盆的架子。旧时多为木制，现在也有铁制。

烙铁铁 [lʌʔ^{53}t^{h}iʌʔ^{31}t^{h}iʌʔ^{35}]

又叫“熨铁铁”[yŋ^{35}t^{h}iʌʔ^{31}t^{h}iʌʔ^{35}]，旧时熨烫衣服的铁制用具。将烙铁前端放在火上烤热，然后在蘸湿的废布上试一下温度，温度合适即可在衣服上熨烫。有的烙铁前端呈A字形，可熨烫衣服接缝处等不规则部分。

合钵钵 [xʌʔ^{35}pʌʔ^{53}pʌʔ^{31}]

拔火罐用的小罐。

图2－51 烙铁铁

图2－52 合钵钵

二　卧具

平遥人大多睡炕，炕与灶台相连，火炕具有取暖和床榻的双重功能，同时也是家人聚集、休息、学习等活动的重要场所。炕上一般有被阁子、小柜柜以及炕桌等。室内陈设以简洁实用为主，家具及日常用具的多寡依经济状况而不同。

炕 [$k^hu\partial^{35}$]

平遥的炕为土炕，一般用土墼修筑在室内临窗的一面。按当地习俗，炕不能修筑在靠房屋的后墙一方，因为只有寺庙里的神台才是靠后墙而设的，人不可与神争。传统的炕上面自下而上依次铺有席子（也叫“苇席”）、毛毡、油单。平遥的炕与灶台相连，灶内有两个进烟的通道，一个直接从炕头通到靠窗户处，夏天使用可减少通过炕的灶火热量；另一个烟道则在炕里形成蛇形通道，故制炕称为“盘炕洞子”，最后通到靠窗户处，冬季使用可以使灶火热量经过炕下，最大限度地保留灶火热量以供睡觉取暖。正因如此，平遥的炕还可以用来烘焙食物或粮食，这一行为也称为“炕”[$k^hu\partial^{35}$]（动词），如把谷子或潮湿的枣放在炕上灶火通过的地方，称为“炕谷儿”或“炕枣儿”。

图2－53 炕

图2－54 炕围子（1）

炕垄 [$k^hu\partial^{35}lu\eta^{53}$]

炕靠外面的边，用十层青砖砌成，高于锅台一层砖，俗称“九层锅台十层炕”。夜晚睡觉时，一般头朝外即炕沿一面睡；白天休息时，头朝窗户睡。

炕下面有烟道的一端因近火而温暖，称为“暖炕头”[$nzu\alpha\eta^{53}\,k^hu\partial^{31}t\partial u^{35}$]；与之相对的是远火的一端，因下面没有烟道通过而寒冷，叫“实炕”[$s\Lambda ʔ^{53}k^hu\partial^{35}$]，也称为“冷炕头”[$li\alpha^{53}k^hu\partial^{31}t\partial u^{35}$]。

墙围子 [$t\text{ɕ}y\partial^{13}uei^{31}ts\Lambda ʔ^{13}$]

房间内墙壁上用油漆制作的装饰性彩色围墙。制作方法是，先以麻纸贴墙，绘画打底，再刷以油漆。其位置在第十八层墙砖之上，高约50厘米。（当地称作“十八层缠腰”）边框多以回纹组成，寓意“富贵不断头”。所绘内容多为山川景致、花卉人物及神话传说，如二十四孝图等。内涵丰富，寓意深厚。

炕围子 [$k^hu\partial^{35}uei^{53}ts\Lambda ʔ^{31}$]

沿炕用油漆制作的彩色围墙图画，既美观且实用，极具装饰性。制作方法及所绘内容与“墙围子”同。

图2－55 炕围子（2）

图2－56 炕围子（3）

被阁子 [pi^{35}kʌʔ^{53}tsʌʔ^{31}]

置于炕上远火一端专门用来收纳被褥的柜子。被阁子不直接放在炕上，下面要再放一个小柜子，称“小柜柜”[ɕiɔ^{53}tɕy^{31}tɕy^{53}]。小柜柜也叫“炕柜柜”[k^{h}uə^{35}tɕy^{53}tɕy^{31}]，长度与炕的宽度相同，放在凉炕头被阁子的下面，一般为木制，做工精致，装饰考究。小柜柜正面左右两边各有两扇门，可打开取放物品，中间多为固定的装饰窗，不可打开，窗下有小抽屉。把手和柜体角上有铜制装饰。小柜柜里面放置妇女们做针线活用的东西以及小件内衣等。

图2－57 被阁子

图2－58 被阁子（上）和小柜柜（下）

图2－59 炕柜柜

图2－60 碗柜柜

炕柜柜 [kʰuə^{35}tɕy^{53}tɕy^{31}]

炕上的一种嵌入墙内的小柜子，从炕上的墙面向内挖成柜体，柜门开在墙上，与墙面持平。平时放置妇女做针线活使用的东西，便于取用。也叫“窑柜柜”[iɔ^{13}tɕy^{31}tɕy^{53}]（图2–59）。近锅灶处的窑柜柜里面放碗筷，也叫碗柜柜[uɑŋ^{53}tɕy^{31}tɕy^{53}]（见图2–60）。

锅头 [kuei^{31}təu^{35}]

与炕相连的锅台，即“灶台”。平遥人的炕一端连着灶，可同时做饭取暖。锅头平面上有两个“火口”[xuei^{53}kʰəu^{53}]，大的做饭用，平时放一个念⁼念⁼；小的坐水壶，平时盖火盖（图2–61）。锅头的火口与坐锅口之间的部分叫“锅脖脖儿”，灶的侧面有通气口，称为“燎窝”[liɔ^{13}uei^{13}]（见图2–62），旁边有“燎窝板板”调节进风量；炕下靠近灶的地方有一个下沉式的砖洞，是“炭仓仓”[tʰɑŋ^{35}tɕʰyə^{53}tɕʰyə^{31}]，用来储存少量煤，方便添火。平遥当地修灶台时，要讲究两间相邻的屋子之间，双方的“燎窝”不可相对，否则易发生口角。

图2－61 锅头

图2－62 燎窝及燎窝板板

图2－63 枕头

图2－64 枕头（侧面绣莲花童子）

枕头 [tʂəŋ^{35}təu^{31}]

平遥旧时的枕头是长方体的，填充荞麦皮。两端有刺绣，寓意吉祥，如两端绣有莲花和童子的，取“连生贵子”之意。现代用的扁平枕头平遥人叫“扁枕头”[paŋ^{53}tʂəŋ^{35} təu^{53}]。

枕蛋蛋 [tʂəŋ^{35}taŋ^{31}taŋ^{53}]

比普通枕头小些的方形或圆形枕头，一般由碎花布缝制而成，放在炕上供白天休息时用。

老虎枕头 [lɔ^{31}xu^{53}tʂəŋ^{35}təu^{31}]

一种专为小孩子做的枕头，两端高，中间低，一端缝成虎头样，另一端缝成虎尾，寓意保佑孩子平安。

图2－65 枕蛋蛋

图2－66 老虎枕头

图2－67 六和枕

六和枕 [liəu^{35}xʌʔ^{31}tʂəŋ^{53}]

枕头的六个面都有镂空的洞，枕时耳朵正好放在孔中，夏天使用感觉舒服凉快。

烂套子 [laŋ^{35}t^{h}ɔ^{53}tsʌʔ^{31}]

用旧棉花做的被褥。民间有俗语“破布圪絮烂套子，蛄儿老鼠耗子”（“蛄儿”是平遥话对“老鼠”的称呼），形容家贫。

三　家具

凹面柜 [uɑ^{35}miᴇ^{53}tɕy^{31}]

柜面凹进去的一种柜子。与之相对的是“平面柜”[p^{h}iŋ^{31}miᴇ^{31}tɕy^{35}]。平遥人家的衣柜一般放在窑的后墙，各种柜子不是直接放在地上，而是有脚，可以防潮。衣柜门的下缘并没有到柜体的最下边，而是在中下部，这样打开门不容易看到衣柜里面的最下部，此部分称为“柜圪洞”。柜圪洞里常用来放些贵重物品，有歇后语“柜圪洞送暗财——没人领情”（意为没有把好事做到明处，使人无法知晓而不领情）。

图2－68 凹面柜

图2－69 平面柜

图2－70 连二柜

图2－71 连三柜

连二柜 [liᴇ^{31}ər^{35}kuei^{53}]

有两个抽屉，一个开门的柜子。如果有三个抽屉，一个开门，则叫“连三柜”[liᴇ^{13}sɑŋ^{31}kuei^{35}]。

图2－72 夹柜柜

夹柜柜 [tɕiʌʔ^{53}kuei^{35}kuei^{53}]

摆在两衣柜之间的略低些的柜子，上面可以摆放座钟等物品，也可放些茶具，相当于茶几。

器件 [tsʰʅ^{35}tɕiᴇ^{31}]

旧式的木器家具或用具，在箱体的四角或柜子的锁扣部分都装有铜制装饰物，防止突出部分被碰撞或锁扣频繁使用损坏木头。

帽盒子 [mɔ^{35}xʌʔ^{53}tsʌʔ^{31}]

旧时脱帽后专门盛放帽子的盒子。

图2－73 器件

图2－74 帽盒子

图2－75 神龛

图2－76 供桌

神龛 [ʂəŋ^{13}kʰɑŋ^{13}]

也叫“佛龛”，摆设在门道正面墙上的供奉神像的地方，有的摆放神像，也有的贴画像。

供桌 [kuŋ^{35}tsuʌʔ^{31}]

摆在神龛前用来放置供品的八仙桌，四周有桌裙。有的人家会在神龛前设置专门的几案，常年摆放供品，称为“条几”。条几前面还可以放供桌，桌子两旁放椅子。

炕桌桌 [kʰuə^{35}tsuʌʔ^{53}tsuʌʔ^{31}]

摆在炕上的矮腿小桌，有长方形、正方形或圆形，旧时普通人家家里只有衣柜等少量家具，炕桌桌放在炕上，既可用于吃饭，也可用于写字看书等。

图2－77 炕桌桌

转桌桌 [tsuaŋ^{35}tsuʌʔ^{53}tsuʌʔ^{31}]

一种新式炕桌，桌面可折叠，折起来为长方形，展开为圆形或正方形。

八仙桌 [pʌʔ^{53}ɕiᴇ^{13}tsuʌʔ^{13}]

也叫“团桌”[tuaŋ^{13}tsuʌʔ^{13}]，正方形桌子。围起来有团团圆圆之意，每面均可坐两人。

半桌 [paŋ^{35}tsuʌʔ^{53}]

也叫“折半桌子”或“单桌”，为团桌的一半大，也有四条腿，两个半桌合起来成一个团桌。半桌常常做成一对，可根据需要分开摆放或合并使用，实用性强。

图2－78 转桌桌（1）

图2－79 转桌桌（2）

图2－80 八仙桌

图2－81 半桌

阁老圈椅 [kʌʔ^{53}lɔ^{53}tɕ^{h}yE^{31}iE^{53}]

平遥的坐具种类多样，根据礼仪及使用者身份的不同而有所区别。除阁老圈椅外，还有“太师椅”“少师椅”，供尊贵的客人或家里的长辈使用。

阁老圈椅是一种有扶手、靠背为半圆形的椅子，是一般家庭常见的坐具（图 2–82）。太师椅，直靠背有扶手，靠背最上缘左右两端和扶手最前端都要略伸出一些，并向上微微挑起。少师椅扶手两端不向外伸出（图 2–83）。

图2－82 阁老圈椅

杌子 [uʌʔ^{31}tsʌʔ^{35}]，一种方凳儿，四条腿与凳子面成直角；板凳，长约一米，可供两三人坐，除重要客人以外，一般人都可以坐；椅杌杌 [i^{53}uʌʔ^{31}uʌʔ^{35}]，无扶手靠背的一种老式凳子，比方凳子的座面要宽，类似去掉靠背的椅子；凳子 [təŋ^{35}tsʌʔ^{53}]，长条形，比杌子要窄些，四腿与凳面成钝角，侧面看像个“八”字，因此也叫“四八字凳凳”，一般为一人坐；床床 [suə^{13}suə^{13}]，是一种小板凳（图 2–84）。

图2－83 少师椅

图2－84 床床

图2－85 脚踏

脚踏 [tɕyʌʔ³¹tʰʌʔ³⁵]

方便老人儿童上炕的木制长条形踏板，也可放置鞋子，放在炕下紧挨炕的地方。以前普通人家没有脚踏，只有大户人家才有。

四　交通工具

旧时出远门，讲究择吉日，多选择逢有三、六、九的日子，俗语云：“三六九出门，不用问人”。出门走亲访友，讲究穿新衣服。外出问路时，要下马、停车、停步，要讲礼貌，有称呼，俗语有“问路不施礼，多走十几里”。问毕要道谢。从前出门主要靠步行，也有骑驴的。官宦富商出门，多骑马或坐轿。农家人出门若要坐车，只能坐“开车”。

推车 [tʰuæ^{31}tʂʰʅᴇ^{35}]

也叫“独轮车”“猪圪拱”[tsɿ^{13}kʌʔ^{31}ɕyəŋ^{53}]。只有一个车轮的小车，主要用于农业生产中拉农资、农具。使用时一人在后面推，一人在前面拉，用力的主要是推的人。由于只有一个轮子，推车人要不停地左右扭动才能使车子前行，当地有俗语“好箭手逮不住推车人的屁股”。

图2－86 推车（1）

图2－87 推车（2）

开车 [kʰæ^{31}tʂʰʅᴇ^{35}]

也叫“大车”[tɑ^{35}tʂʰʅᴇ^{53}]。农村里拉各种物资如庄稼、农具的木轮车，也用于农家人走亲访友。既是农用车辆，也是交通工具。开车为木制结构，车轮一般比较高，两侧有挡板，由牲畜拉动。骡子因性温顺，有耐力，成为开车的主要畜力。为了耐磨，开车的车轮外包铁皮，铁皮的中心稍微凸起呈尖状，称“木轮尖脚车”。开车的车轮称为“车堆子”[tʂʰʅᴇ^{13}tuæ^{13}tsʌʔ^{13}]，也叫“车脚子”[tʂʰʅᴇ^{13}tɕyʌʔ^{53}tsʌʔ^{13}]。木车轮的辐条称为“辐儿”[xuʌʔ^{31}zʅʌʔ^{35}]。车辕下的三角形支地木叉称为“圪叉”[kʌʔ^{13}tsʰɑ^{53}]，便于车子停下来时保持平衡。“车辕儿”[tʂʰʅᴇ^{13}yᴇ^{13}zʅʌʔ^{13}]为车的前半部坐人的部分，供赶车人坐。车的后部为“后尾”[xəu^{35}i^{53}]，以前有小孩儿顽皮爬上车的后边，有人便喊：“后尾爬上死孩儿了。”

图2－88 开车（1）

图2－89 开车（2）

轿车车 [tɕiɔ^{35}tʂʰʅᴇ^{53}tʂʰʅᴇ^{31}]

旧时用牲口拉的坐人的篷车，通常只有富商绅士或官宦人家才有。轿车有拱形顶，前面有帘，装饰颇为讲究，车棚上装玻璃窗，车身夏罩纱帷，冬遮丝被。一般只坐一人，由一头牲口驾车。驾车的骡马脖系红缨鸾铃，十分威武。

图2－90 轿车车（1）

图2－91 轿车车（2）

叁·服饰穿戴

图3－1 集市衣帽一景

平遥重商，在服饰穿着上讲究得体大方，与年龄、职业、身份、场合、季节等相适应。城乡穿着亦有差别。本地风俗，成年人本命年穿红背心，系红裤带；闰年儿童穿黄色服装。旧时普通人家衣服鞋帽均为土布手工制作，少数富贵之家穿着讲究，专门定制或购买成衣。改革开放以来，成品服装成为主流。

一　衣裤

粗布 [tsʰəu^{13}pu^{35}]

粗布是自家织的土布，也叫“小布”[ɕiɔ^{53}pu^{35}]。以前平遥广泛种植棉花，家家都可纺线织布，织布机和纺线车也随处可见。姑娘出嫁前须学会纺花、织布、裁剪、缝纫等基本技能。有谚云：“要饱家常饭，要暖粗布衣。”与粗布相对的是大机器织成的“洋布”。过去平遥有许多织布局，所织的布销往国内各地，有名的如“五洲布”。

麻纱 [mɑ^{13}sɑ^{13}]

麻制布料，做夏季衣服用。旧时多为有钱人使用。

皮袄（儿） [pʰi^{35}ŋɔ^{53}（zʌʔ^{13}）]

用动物皮毛制成的保暖衣服。原料有几种，如：老羊皮，这种皮袄毛在里，皮在外，质地朴素，样式简单，色彩单一，保暖性好，多为体力劳动者穿着；羔儿皮，薄而轻巧，制作精细，保暖性不及老羊皮，多为商人、文人等穿着；狐皮，比羔儿皮还轻巧，且色泽丰富，富于变化，一般为大户人家穿着，以体现其身份地位；灰鼠皮，仅次于狐皮，家境稍好些的才穿得起；狐嗉子皮，狐狸脖子部位的皮毛，有钱人家讲究排场时穿着，保暖性差。另有毛皮的“坎肩肩”[kʰaŋ^{53}tɕiaŋ^{31}tɕiaŋ^{13}]。

衣裳 [i^{13}suə^{13}]

衣服的总称，包括上衣和裤子。

图3－2 絮袄儿

图3－3 夹衣裳

絮衣裳 [ɕy^{35}i^{53}suə^{31}]

棉衣的统称。上衣叫“絮袄儿”[ɕy^{35}ŋɔ^{53}ʐʌʔ^{13}]，下衣叫“絮裤儿”[ɕy^{35}kʰu^{53}ʐʌʔ^{31}]。

夹衣裳 [tɕiʌʔ^{31}i^{35}suə^{53}]

用两层布制作的衣服，一般春秋时节穿着。

大氅 [tɑ^{35}tʂʰɑŋ^{53}]

大衣，多为双排扣，长度过膝，有絮棉花的，也有呢子的，有的有毛领子。后又出现一种“二氅”[ər^{35}tʂʰɑŋ^{53}]，又叫“小大氅”[ɕiɔ^{53}tɑ^{31}tʂʰɑŋ^{53}]，即半大衣，比大氅短，长度不过膝。

图3－4 棉大氅

腰腰 [iɔ^{13}iɔ^{13}]

贴身穿的棉布背心。

主腰 [tsʮ^{53}iɔ^{13}]

成年男性穿的一种棉袄，面料款式不很讲究，主要追求保暖性，因而显得厚而笨拙。女人和孩子的棉袄不可以称为“主腰”，只可以叫“絮袄”。

图3－5 三尖尖

三尖尖 [sɑŋ^{31}tɕiᴇ^{35}tɕiᴇ^{53}]

肚兜，多为红色，上绣有龙凤等图案或寓意平安长命的吉祥文字，多为老人或儿童穿着，以保腹部温暖。

小布衫 [ɕiɔ^{53}pu^{35}sɑŋ^{31}]

土布制的上衣，立领，对襟，盘扣，散袖。布衫的扣子数必须是单数，平遥人以单为阳，追求“阳数”。

衫子 [sɑŋ^{31}tsʌʔ^{35}]

也叫大褂。女性中式上衣，斜襟（或曰偏襟），右侧开口，称为“右裣衽”，镶边，色彩或淡雅或清丽，一般不用白色。

图3－6 衫子（1）

图3－7 衫子（2）

图3－8 衫子（3）

大衫子 [tei^{35}saŋ^{53}tsʌʔ^{13}]

单长衫。以前商人或城里站柜台的人穿，一般人在隆重场合也穿。

袍子 [p^{h}ɔ^{13}tsʌʔ^{13}]

与大衫子形制相近，但内有棉花。

马褂（褂） [mɑ^{13}kuɑ^{31}（kuɑ^{53}）]

商人或绅士在长袍外面罩的一种无袖衣服。

汗褟褟 [xɑŋ^{35}t^{h}ʌʔ^{53}t^{h}ʌʔ^{31}]

布制的短袖对襟衫。

里裤儿 [li^{53}k^{h}u^{31}zʌʔ^{35}]

贴身穿的衬裤，相当于现在的“秋裤”。

裤子 [kʰu^{35}tsʌʔ^{53}]

过去常穿大裆中式直筒裤，裤腿处扎着腿带。

裤衩衩 [kʰu^{35}tsʰɑ^{53}tsʰɑ^{31}]

旧时布制的短内裤，又叫“裤衩子”“裤衩儿”。

连袄带裤 [liᴇ^{13}ŋɔ^{53}tæ^{31}kʰu^{35}]

一两岁的婴儿穿的从脚一直连到上身的一种开裆裤。

毛蹄子 [mu^{13}ti^{13}tsʌʔ^{13}]

婴儿穿的开裆连脚裤。

退毛袄袄 [tʰuæ^{13}mu^{13}ŋɔ^{53}ŋɔ^{31}]

未满月的婴儿穿的小上衣，无扣，只用两根带子系住。衣服的下缘不锁边，而要留毛边，意为下面还要再生，有盼望多子之意，客观上也起到了防止衣服下缘的锁边硌到婴儿细嫩皮肤的作用。

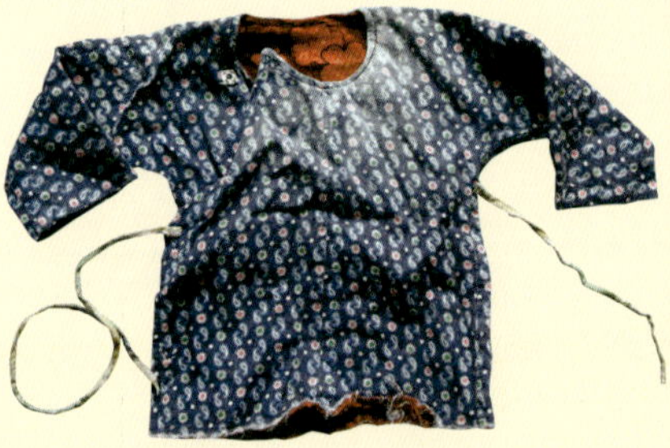

图3－9 退毛袄袄（1）

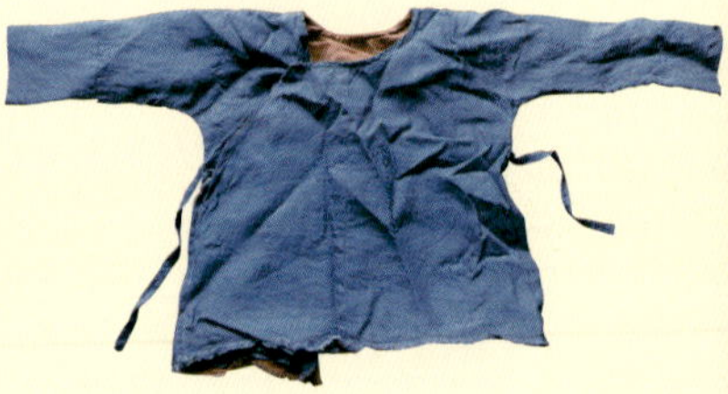

图3－10 退毛袄袄（2）

圪捩裤 [kʌʔ^{23}liʌʔ^{31}kʰu^{35}]

婴儿穿的一种连上身的开裆裤。平遥话“圪捩”有“相扭绕”“相交叉”之意。当地讲究，如生了女孩，下一个想要男孩，那么就给女孩穿绿色的圪捩裤；如生了男孩，下一个孩子想要女孩，就给男孩穿红色的圪捩裤。穿此裤意在希望下一个孩子变个样儿。

图3－11 圪捩裤

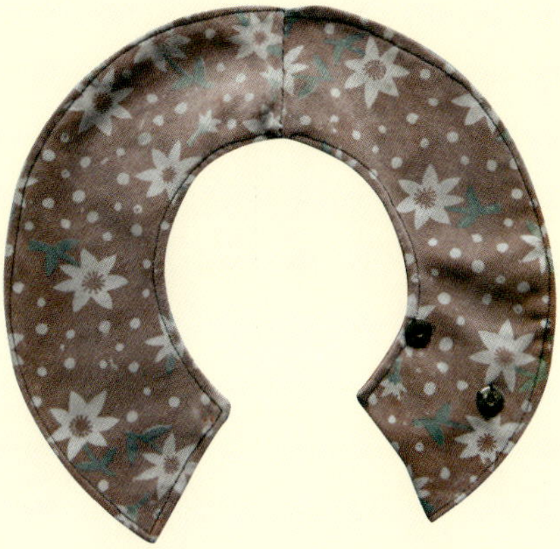

图3－12 涎水牌牌（1）

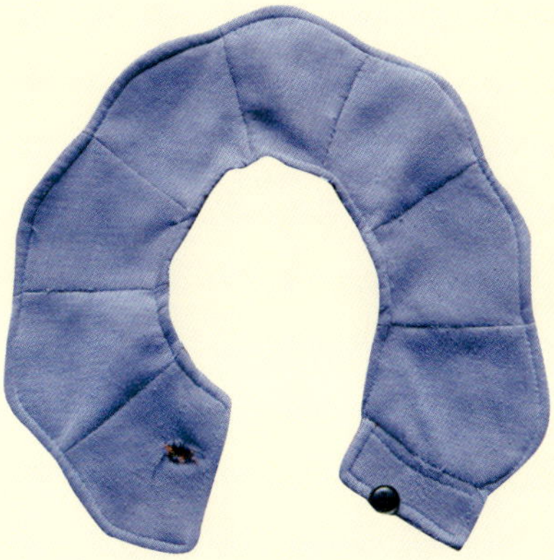

图3－13 涎水牌牌（2）

涎水牌牌 [xɑŋ^{13}suei^{53}pæ^{13}pæ^{13}]

婴幼儿吃饭时戴在脖子上的一种圈形围嘴。

腿带带 [t^{h}uæ^{53}tæ^{31}tæ^{53}]

绑裤口用的带子。过去的人习惯绑裤口，带子长一尺左右，宽不到十公分，黑色，普通的为布制，讲究一点的为丝制。旧时女子未出嫁前不需绑裤口，出嫁以后要绑上。

腰带 [iɔ^{13}tæ^{13}]

扎在腰间的带子，用来系紧上衣。

下爹 [ɕiɑ^{35}tsɑ^{53}]

又叫下摆。

图3－14 腿带带

图3－15 对襟襟夹袄

图3－16 对襟襟上衣

对襟襟 [tuæ^{35}tɕiŋ^{53}tɕiŋ^{31}]

中式对襟上衣，一般为男子穿着，也叫“对门门”[tuæ^{35}məŋ^{53}məŋ^{31}]。衣服的袖筒，称“袖圪筒”[ɕiəu^{35}kʌʔ^{35}tʰuŋ^{53}]。

扣门儿 [kʰəu^{35}məŋ^{53}ʐʌʔ^{13}]

旧式衣服上扣子的全称，即手工制的扣子以及扣襻。用布条盘制成的扣子叫“扣疙瘩儿”[kʰəu^{35}kʌʔ^{53}tʌʔ^{13}ʐʌʔ^{35}]，因形似核桃，也叫“扣核桃儿”[kʰəu^{35}kʌʔ^{53}tɔ^{13}ʐʌʔ^{13}]，与扣疙瘩儿相配的用来系在扣疙瘩儿上的扣环称为“襻襻”[pʰaŋ^{35}pʰaŋ^{31}]。新式的扣子称为“洋扣扣”[iaŋ^{31}kʰəu^{35}kʰəu^{53}]，子母扣叫“暗扣扣”[ŋaŋ^{35}kʰəu^{35}kʰəu^{53}]。

倒插插 [tɔ^{35}tsʰʌʔ^{53}tsʰʌʔ^{31}]

衣服口袋的总称。正面的明口袋叫“布袋袋”[pu^{35}tæ^{53}tæ^{31}]；棉袄或夹袄里面的暗口袋叫作“手插插”[ʂəu^{53}tsʰʌʔ^{31}tsʰʌʔ^{31}]。

裤带 [k^{h}u^{35}tæ^{31}]

用棉线织成的系裤子用的带子，宽寸许，较厚而结实，一般不用白色。平遥人讲究本命年必须系“红裤带”[xuŋ^{13}k^{h}u^{35}tæ^{31}]，本命年怕不顺利，系红裤带有辟邪之意。旧时妇女用的束腰的布带子叫“裤巾子”[k^{h}u^{35}tɕiŋ^{13}tsʌʔ^{31}]，比一般的裤带宽，带有一定的装饰性，裤带的末端要有一截穗状装饰露在衣襟之外，可以是白色或红色。民谚有“要穿红，一身红，红袄红裤红裤巾。要穿白，一身白，白袄白裤白裤带”。民谚所说，是最美的搭配，以裤巾子和衣服的颜色一致为好。为了押韵，上句用“红裤巾”，下句用“白裤带”，这里当泛指裤带和裤巾子。下图中女性衣襟下露出的白色部分便是白色的裤巾子。

图3－17 裤巾子

二 鞋帽

鞋 [xæ^{13}]

旧式的鞋为手工制作，木底或布底。鞋面有不同款式，大圆口、小圆口多为年轻人穿着，老年人多穿尖口鞋。

穿黄鞋 [ts^{h}uɑŋ^{13}xuə^{13}xæ^{13}]

平遥人讲究闰年穿黄色的鞋，有辟邪之意。当地民谚说："闰月穿黄鞋[xæ^{13}]，一年到头不生灾[tsæ^{13}]。"

纳鞋底儿 [nʌʔ^{31}xæ^{13}ti^{53}zʌʔ^{13}]

过去鞋子全部为手工制作，鞋底也是手工纳的（图 3–18）。纳鞋底时先用"锥儿"[tʂuei^{13}zʌʔ^{53}]（图 3–19）扎过底，下面垫一个"草拍拍"[ts^{h}ɔ^{53}p^{h}iʌʔ^{31} p^{h}iʌʔ^{35}]（图 3–20），可使锥儿扎透鞋底而不伤垫在下面的手，拔出锥儿，再把穿着细麻绳的针从扎好的针孔穿出，针穿过时用"夹针针"[tɕiʌʔ^{53}tʂəŋ^{31} tʂəŋ^{13}]（图 3–21）从反面夹住针，轻轻一拉将麻绳抽出，再将麻绳绕过手背，用整个手的力量使其拉紧，使用"手圪托"[ʂəu^{53}kʌʔ^{31}t^{h}ʌʔ^{31}]可保护手背不被麻绳勒伤（见图 3–22、3–23）。

图3－18 手工鞋底

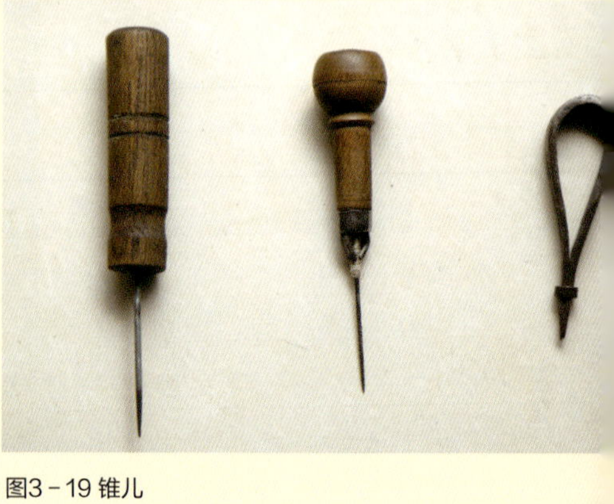

图3－19 锥儿

图3－20 草拍拍

图3－21 夹针针

图3－22 手圪托（1）

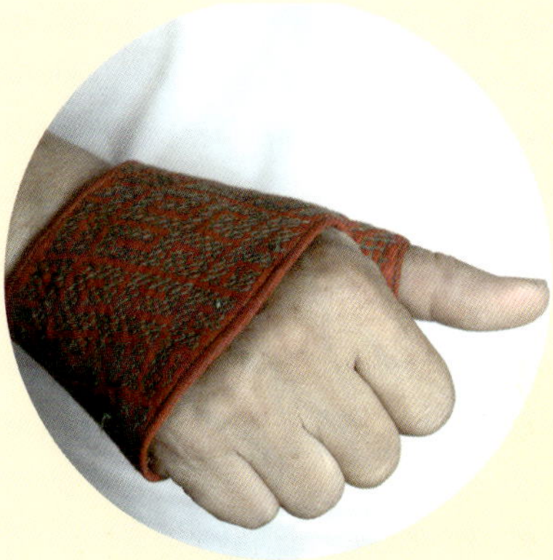

图3－23 手圪托（2）

靸鞋 [sʌʔ^{31}xæ^{35}]

一种布鞋，主要是干体力活时穿的。为了结实，鞋帮全部纳过，纳得很密，前脸不深，由三块组成，每两块接缝处有突起的棱，称为“鼻子”，因此平遥的靸鞋也叫“二鼻子鞋”[ər^{35}piʌʔ^{53}tsʌʔ^{31}xæ^{35}]，两道棱的夹角较大。与之相较，有一道棱的鞋叫“一鼻子鞋”[iʌʔ^{13}piʌʔ^{53}tsʌʔ^{31}xæ^{35}]。

过去旧时晋中祁县商人也穿一种二鼻子鞋（图 3–26），此鞋前脸较长，两条棱的夹角较小，与平遥二鼻子鞋有所不同。但平遥商人不穿此鞋，认为二鼻子鞋是体力劳动者才穿的，他们穿朝鞋。据说二鼻子鞋是从外地传入的一种样式。

图3－24 一鼻子鞋（1）

图3－25 一鼻子鞋（2）

图3－26 二鼻子鞋

图3－27 朝鞋

图3－28 虎头鞋

朝鞋 [tʂʰɔ^{13}xæ^{13}]

男子穿的大圆口鞋，也有尖口的，前面没有突起的鼻子，面料有布的，讲究点的用礼服呢，也叫“老头鞋”。

虎头鞋 [xu^{53}təu^{13}xæ^{13}]

两岁以内婴幼儿穿的一种鞋。鞋前端有虎头样的装饰，寓意保佑孩子平安，鞋底柔软舒适。旧时为自家缝制，也有的用毛线编织。

鞋抽子 [xæ^{13}tsʰəu^{13}tsʌʔ^{53}]

鞋拔子。

鞋楦头 [xæ^{13}ɕyᴇ^{35}təu^{13}]

制作鞋时，把鞋底和鞋帮缝起来，称“上鞋”[suə^{35}xæ^{13}]，上好后用来把鞋帮撑起来为鞋定型的模子即为“鞋楦头”。鞋楦头的前部和后跟是分开的，中间长度可以根据鞋的大小调节。有一种楦头脚掌与后跟是一体的，叫袜楦子。

图3－29 鞋楦头

图3－30 篮篮鞋（1）

图3－31 篮篮鞋（2）

篮篮鞋 [laŋ^{13}laŋ^{13}xæ^{13}]

有一根鞋襻儿的女布鞋。

眼眼鞋 [ȵiaŋ^{53}ȵiaŋ^{31}xæ^{13}]

系鞋带的鞋，也叫“带带鞋”，类似于运动鞋。早期的系带鞋一般为六个鞋眼，因此也称为“六眼儿”[liəu^{35}ȵiaŋr^{53}]，后来无论多少个鞋眼，一律称为“六眼儿”，故有“八个六眼儿”“十个六眼儿”之说。

鞋垫垫 [xæ^{31}tiᴇ^{35}tiᴇ^{31}]

平遥当地的鞋垫一般为手工制作，先将几块布褙在一起剪出大小适当的鞋垫形状，再在上面贴一层布，然后用彩色棉线或尼龙线绣出图案，多为寓意吉祥的龙凤、金鱼、牡丹花卉等，或是“步步高升”“足踏鸿运”等吉利文字。

图3－32 鞋垫垫

暖鞋 [nzuaŋ^{53}xæ^{13}]

棉鞋。

凉袜子 [luə^{35}uʌʔ^{53}tsʌʔ^{13}]

上世纪40年代以后，新式的细棉线制的袜子，比布制的袜子凉快，故名“凉袜子”，也叫“洋袜子”。

猴儿头 [xəu^{13}ʐʌʔ^{13}təu^{13}]

一种毛线织的帽子，两边可以卷上去或放下来。

凉塌塌 [luə^{13}t^{h}ʌʔ^{31}t^{h}ʌʔ^{35}]

旧时周岁以下婴儿夏季戴的一种便帽，只有四周和前面的帽沿，中间是空的，比较凉快。帽子是定型的，前面有时有装饰。帽沿儿有的还垂有珠子。

瓜瓜 [kuɑ^{13}kuɑ^{13}]

一种圆顶帽，前有装饰。年龄大些的妇女戴这种帽子。

帽壳子 [mɔ^{35}k^{h}ʌʔ^{53}tsʌʔ^{31}]

即“瓜皮帽”。旧时一种男式帽子，一般由几片布缉起来，类似几块西瓜皮，无帽沿，顶端缀有珠子等装饰物，称为“帽核桃儿”[mɔ^{35}kʌʔ^{53}tɔ^{13}ʐʌʔ^{35}]，一般是一颗樱桃大小的珠子，装饰物有玉石、玳瑁等，材质的不同可显示身份差异。

帽壳子里面衬有“袼褙”[kʌʔ^{13}piʌʔ^{13}]，定型用。帽壳子的用料好些的为缎质，差些的为布质。清朝时，帽子正前方镶有玉、玛瑙等饰物，叫“帽徽”[mɔ^{35} xuæ^{31}]，帽徽的材质显示身份，民国后没有帽徽。解放初期仍有人戴瓜皮帽，称“瓜壳壳”[kuɑ^{13}k^{h}ʌʔ^{53}k^{h}ʌʔ^{31}]，厚薄、质地和颜色各异，年轻人不戴，多为中老年人戴。现在这种帽壳子使用较少。

图3－33 帽壳子（1）

图3－34 帽壳子（2）

头巾 [təu^{13}tɕiŋ^{13}]

正方形，干农活、生炉子时戴在头上，用来护头，也用以保暖，同时起装饰作用。

络络 [lɔ^{35}lɔ^{31}]

妇女罩头发的丝绸。

立棱子 [liəʔ^{53}ləŋ^{13}tsʌʔ^{31}]

把三四条毛巾扭在一起挽圈，箍在头上，旧时年轻人戴。

舌头头帽子 [ʂʌʔ^{53}təu^{13}təu^{13}mɔ^{35}tsʌʔ^{31}]

也叫“洋帽帽”[iɑŋ^{31}mɔ^{35}mɔ^{53}]，即鸭舌帽，是民国后年轻人戴的一种有帽沿的帽子，一般配制服。帽沿一律称为“舌头头”[ʂʌʔ^{53}təu^{13}təu^{13}]。

掩耳耳帽子 [ŋɑŋ^{53}ər^{53}ər^{53}mɔ^{35}tsʌʔ^{53}]

带有护耳的帽子。帽子的护耳部分称作“帽耳耳”[mɔ^{35}ər^{53}ər^{31}]。

圪爪爪帽子 [kʌʔ^{53}tsuɑ^{31}tsuɑ^{53}mɔ^{35}tsʌʔ^{53}]

用一块整料制成筒状，把一头扎住。

耳朵朵 [ər^{53}tuei^{13}tuei^{13}]

防耳朵受冻戴的耳套，也称为“毛圈圈”。

手爪爪 [ʂəu^{53}tsuɑ^{53}tsuɑ^{31}]

手套。

手帕 [ʂəu^{53}pʰɑ^{35}]

旧时老年妇女使用的“头帕”，黑色织品，长三尺许，宽尺许，叠成长方形盖在头上御风。

手巾巾 [ʂəu^{53}tɕiŋ^{31}tɕiŋ^{53}]

手绢儿，也叫“手幅幅”[ʂəu^{53}xuʌʔ^{31}xuʌʔ^{31}]。

三 首饰

板子 [paŋ^{31}tsʌʔ^{35}]

对戒指的通称，因过去的戒指主要为黄金质地，故也叫“金板子”。平遥当地对不同形状和材质的戒指有不同称呼，环形的无造型的戒指称为“戒指儿”[tɕiᴇ^{35}tsɿ^{53}z̧ʌʔ^{35}]，单环的金戒指叫“金镏子”[tɕiŋ^{31}liəu^{35}tsʌʔ^{53}]。

簪簪 [tsaŋ^{31}tsaŋ^{35}]

簪子。

耳挖挖 [ər^{53}ua^{31}ua^{35}]

掏耳小工具。

圪瘩锁 [kʌʔ^{31}tʌʔ^{31}ɕyᴇ^{53}]

把制钱（铜钱）用红绳穿起来，编成图案，叫圪瘩锁，是小孩生日戴的一种锁。

脚束束 [tɕyʌʔ^{31}suʌʔ^{35}suʌʔ^{53}]

脚脖子上戴的圈状银器。

穿铃锁 [tsʰuaŋ^{13}li^{13}ɕyᴇ^{53}]

周围有铃的一种锁，银制或金制，上刻“长命百岁”或“麒麟送子”等字样，取吉利之意。多在孩子满月或三周岁生日时，由祖父母或外祖父母赠送。

铜锁 [tuŋ^{13}çyᴇ^{53}]

用红绳把若干个制钱（铜钱）穿起来的一种锁，因制作简便，每年小孩生日时由父母、祖父母或外祖父母赠送。

图3－35 铜锁

肆·饮食起居

图4－1 家庭聚餐

平遥以面食为主。面食制作花样繁多，可分为蒸、煮、烤、炸、煎多种。当地人擅长粗粮细作，形成了别具特色的饮食风格。当地习惯食用的粗粮有荞面、莜面、红面（高粱面）、玉米面等。主食喜欢变着花样吃，算是当地人饮食追求的最高境界。早晚饭是小米稀粥和馍馍之类的蒸烤面食，午饭是水煮面食。本地有“平遥三件宝，熟肉、碗托子、油炸糕”之说。平遥牛肉为本县最享盛名的食品，采用当地黄牛肉以传统的加工工艺制成，肥而不腻，瘦而不柴。除夕吃油糕和接年饭，正月初一吃羊肉扁食，二月二吃油炸糕，有的地方吃春饼，意为扒龙皮。清明吃煎饼、黄儿（发糕），五月端午吃粽子，六月六黄瓜蒜拌凉面，八月十五吃月饼，九月九吃荞面大饺子和花糕，冬至日吃羊肉扁食，腊月初一吃炒花，腊八节吃腊八粥，腊月二十三灶君爷上天日吃粞瓜儿。宴席有“一八”“二八”，最多到“八八”（指菜的数目），还有“九碗九碟”“四凉四热炒四扣”等。宴席常以“丸子”压轴，当地“丸”“完”同音，以“丸”谐“完”，表示菜到此为止。以面食为主的饮食习俗，使面食成为各种节令及人事活动中的重要角色，并由此形成了丰富多彩的饮食习俗、文化及礼仪。

一　日常面食

干硬 [kaŋ^{31}ȵiᴇ^{35}]

图4－2 馍馍

馒头、烧饼之类的通称。可在早饭和晚饭时当主食吃，也可在三餐间作为零食吃，平遥话叫“帮⁼吃的”[paŋ^{31}tʂ^{h}ʌʔ^{35}tiʌʔ^{31}]。“干硬”还可作为出门时携带的干粮。平遥话称馒头为“馍馍”[mei^{31}mei^{35}]，一般要在馒头上点红点，以区别于白事上使用的大馍馍。馍馍切成片用火烤黄当零食吃，叫“馍馍片片”[mei^{31}mei^{35}p^{h}iᴇ^{53}p^{h}iᴇ^{13}]。烤“炠”[ŋəu^{53}]（烤过火）了也无妨，习俗以为焦能帮助消化。“豆馍子”[təu^{35}mei^{31}tsʌʔ^{13}]，即豆馅馒头，又叫“豆馍馍”，多为红豆枣泥馅。“卷卷”[tɕyᴇ^{53}tɕyᴇ^{35}]，即花卷儿。发酵的面擀开后卷葱花、油盐等调料，切成块，扭成花状蒸熟。

“火烧”[xuei^{53}ʂɔ^{13}]，用鏊子烙成的硬面饼子，有包酸菜的素火烧、包肉馅的肉火烧。火烧易储存，过去常作为外出时带的干粮。“干面饼子”[kaŋ^{13}miᴇ^{13}piŋ^{53}tsʌʔ^{23}]，不发酵，水、油和面并加碱加盐，用“花骨碌碌”[xuɑ^{13}kuʌʔ^{53}ləu^{13}ləu^{35}]（即花擀杖）横向竖向十字擀压成网格状图案，置鏊子上烤熟。

图4－3 花骨碌碌

图4－4 干面饼子

图4－5 蒸郭$^{=}$来$^{=}$

图4－6 炒郭$^{=}$来$^{=}$

郭$^{=}$来$^{=}$ [kuʌʔ^{35}lai^{53}]

一种用土豆等蔬菜与面粉搅拌后蒸制的食品，现在也叫“拨烂子”[pʌʔ^{13}lɑŋ^{35}tsʌʔ^{13}]。将土豆擦成丝，加入面粉及盐等调料搅拌后上锅蒸熟，然后再用葱、蒜、辣椒炒后食用，也可用槐花、豆角、茴子白、萝卜等取代土豆。

图4－7 栲栳栳

栲栳栳 [k^{h}ɔ^{35}lɔ^{53}lɔ^{31}]

用高粱面或莜面蒸制的一种筒状食品，蘸“调和水水”[tiɔ^{13}xuei^{13}suei^{53}suei^{31}]食用。制作时用开水烫面，和好后在案板上用手朝一个方向推，边推边卷，卷成筒形。

另一种做法叫“烟突突”[iᴇ^{13}t^{h}uʌʔ^{31}t^{h}uʌʔ^{35}]，用擀面杖擀薄后切片，卷好入笼蒸熟后，切成丝炒着吃。因其形似烟囱而得名。

图4－8 做烟突突

图4－9 烟突突

调和水水 [tiɔ¹³xuei¹³suei⁵³suei³¹]

即蘸料，也叫“蘸水水”[tsaŋ³⁵suei⁵³suei³¹]，是吃各种面食不可缺少的调味卤汁。当地人嗜酸嗜辣，夏秋蘸料一般以醋、洋柿子（西红柿）、辣椒为主料，加水和调料后用油炒熟。冬春两季则用红辣椒面和醋为主料，加水用油炒制。这种蘸料味道浓烈，酸辣刺激。当地人戏称能吃酸吃辣的人为“调和嘴”。

图4－10 调和水水（酸菜和西红柿）

糊糊 [xu¹³xu¹³]

用高粱面或玉米面做成的糊状食品。用小火在冷水锅里边撒高粱面边朝一个方向搅拌，煮沸煮熟即可，当地人称“戳糊糊”[tsʰuʌʔ¹³xu¹³xu¹³]，一般浇酸辣味的调和水水食用。做凉粉也用此法，故称为“戳凉粉”。当地人常在冬天食用糊糊。

山药丸子 [saŋ¹³iʌʔ⁵³uaŋ¹³tsʌʔ³⁵]

一种蒸制食品。土豆擦成丝，加入白面充分搅拌后，捏成圆球状上锅蒸熟，蘸调和水水食用。秋冬季土豆收获后常食用。“丸”与“完”同音，当地人认为“丸子”有“完满”之义。

图4－11 高粱面糊糊

图4－12 玉米面糊糊

图4－13 山药丸子和蘸水水

图4－14 做窝窝

图4－15 窝窝

图4－16 煮疙瘩

窝窝 [uei^{31}uei^{35}]

用玉米面或黄豆面蒸制的食品，即窝头。还有玉米面“煮疙瘩”[tsʮ^{53}kʌʔ^{13}tʌʔ^{31}]，把玉米面和好后捏成圆饼状煮食。当煮疙瘩漂起又落下就熟了。有谚语云：“煮疙瘩不怕硬，窝窝不怕软”。过去窝窝为早晚饭主食，现在只是为了健康偶尔吃，有时还会适量加入白面和糖。当地还有一种“实窝窝”[ʂʌʔ^{53}uei^{31}uei^{35}]，即高粱面窝窝。蒸熟后晾凉切成薄片，蘸调和水水吃或炒着吃。

圪搓搓 [kʌʔ^{53}tɕ^{h}iᴇ^{31}tɕ^{h}iᴇ^{35}]

一种用荞麦面、莜面或高粱面搓制的蒸食。用热水和好面，在案板上用手搓制成细长条，上锅蒸熟后，蘸调和水水或羊肉汤吃。因两头尖似鱼形，又叫“搓鱼儿”[tɕ^{h}iᴇ^{13}ȵy^{35}zʅʌʔ^{31}]或“搓鱼鱼”[tɕ^{h}iᴇ^{13}ȵy^{35}ȵy^{31}]。另有一种用白面制作的“搓鱼儿”，煮食（见图 4–20）。

图4－17 搓圪搓搓

图4－18 蒸圪搓搓（左）

图4－19 圪搓搓

图4－20 搓鱼儿（白面）

笼面 [luŋ^{13}miᴇ^{35}]

又叫“焖面”[məŋ^{35}miæ^{31}]。当地夏秋季的午间主食。先将擀好的细面条儿上笼蒸熟，再用油炒肉丁、豆角或茴子白等，加一定量的水，将熟面条均匀撒到菜上，加盖焖十分钟左右关火，把菜和面搅拌均匀即成。当地人喜欢就生蒜吃笼面。

擀面 [kɑŋ^{53}miᴇ^{35}]

即手擀面条。用擀面杖把面擀薄，用刀切成细条煮食。因面条长，常被用来祝福长寿，称作“长寿面”[tʂʰɑŋ^{13}ʂəu^{31}miᴇ^{35}]。当地人过生日时要吃长寿面。

因粮食种类不同、擀开后切的形状不同、加的卤汁不同，擀面的名称也不同。如“包皮面”[pɔ^{13}pʰi^{13}miᴇ^{35}]，过去白面少的年代常吃的一种擀面，将和好的白面包裹和好的高粱面，擀压薄后，切成红白相间的面条或斜旗旗，当地戏称两边讨好、不得罪人的人为“包皮面疙瘩”。再如“柳叶儿”[liəu^{53}iʌʔ^{53}ẓʌʔ^{13}]，是将擀薄的面再切成形似柳叶的面片儿，口感很好，别有风味。

“斜旗旗”[ɕiᴇ^{13}tɕi^{13}tɕi^{13}]，将擀薄的面切成菱形的面片。“刀拨面”[tɔ^{13}pə^{13}miᴇ^{35}]，用双柄刀切出的短面条儿。“切条条”[tɕʰiʌʔ^{13}tʰiɔ^{13}tʰiɔ^{13}]，一种蒸着吃的面食，用开水和高粱面，擀好切条儿，上锅蒸熟后炒着吃或者蘸调和水水吃。“切尖尖”[tɕʰiʌʔ^{35}tɕiᴇ^{13}tɕiᴇ^{35}]，高粱面用开水和成硬面，擀薄后再切成粗且短的面条儿或四棱状的面条儿上锅蒸，蒸好后炒着吃或凉拌吃。“切板板”[tɕʰiʌʔ^{13}pɑŋ^{53}pɑŋ^{31}]，用杂面擀成稍厚的面，切成短面条或菱形的面片，煮熟浇菜吃。

图4－21 切柳叶儿

图4－22 切斜旗旗

图4－23 斜旗旗

图4－24 切板板

图4－25 做掐疙瘩（1）

图4－26 做掐疙瘩（2）

掐疙瘩 [tɕʰiʌʔ^{13}kʌʔ^{53}tʌʔ^{13}]

即揪片儿。一只手握面块儿，用另一只手的拇指、食指、中指，揪、捻出一个个的小面片，煮熟浇菜吃。俗称“掐一疙瘩，熟一疙瘩”，意即后面的掐进去，前面的已经熟了。

擦蛇蚪 [tsʰʌʔ^{13}kʌʔ^{53}təu^{13}]

当地一道午饭主食。“蛇蚪”即蝌蚪，因擦出的面条状似蝌蚪而得名，也叫“擦尖”。将和好的高粱面或白面放到擦子上擦动，“蛇蚪”就落到锅里，煮熟后浇菜吃。还有一种用擦子擦成的蒸制食品，叫“馏蛇蚪”[liəu^{35}kʌʔ^{53}təu^{13}]，食材是高粱面，蒸熟后加油加味稍炒即好。“抿蛇蚪”[miŋ^{53}kʌʔ^{53}təu^{13}]，是用孔更细小的抿床做的。通常是用高粱面加豆面混合而成的杂面，或用白面、高粱面、豆面混制的三合面制作，可用“抿拐子”抿，也可以用手擦。“擦片子”[tsʰʌʔ^{13}piæ^{35}tsʌʔ^{13}]，是用孔更宽更大的擦子擦出的面片儿。因工具不同、形状不同、面粉种类不同，做出来的面食名称也不同。

图4－27 做擦蛇蚪

图4－28 红面擦蛇蚪

图4－29 擦蛇蚪（1）

图4－30 擦蛇蚪（2）

图4－31 做抿蛇蚪

图4－32 抿蛇蚪

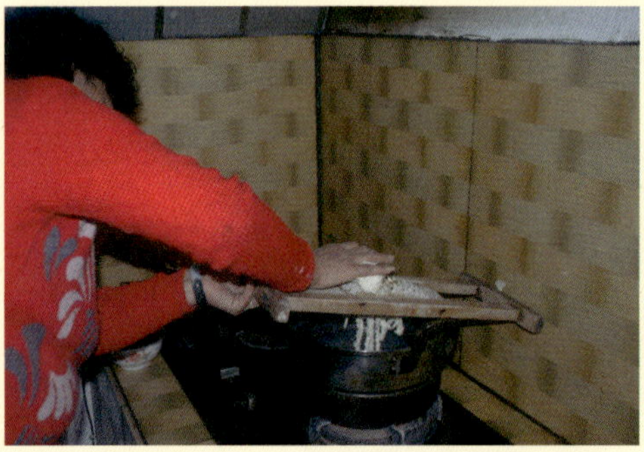

图4－33 做擦片子

图4－34 擦片子

河捞 [xei^{13}lɔ^{13}]

用河捞床（见图 2–46）压制出的一种圆形条状面食。木制河捞床架在大锅上，槽内放上和好的白面，用杠杆大力挤压到沸水锅里煮熟拌菜吃。

图4－35 做削面

削面 [ɕyᴇ^{13}miᴇ^{13}]

即刀削面。把面团揉成光滑的长条形，一手持面，一手用削面刀削动，削成细长的薄如柳叶的面片，入锅煮熟即可。

蘸片子 [tsaŋ^{35}pʰiᴇ^{53}tsʌʔ^{13}]

也叫"蘸片片"[tsaŋ^{35}pʰiᴇ^{53}pʰiᴇ^{31}]。白面擀薄，切成大块，稍加抻拉，下锅中煮。水中也可煮小米、蔬菜。蘸调和水水食用。

拉条 [la^{13}tʰiɔ^{35}]

即拉面、拉条子。用凉水、盐把面和好并充分揉好，切成小条，一根根地抻拉成长条。

图4－36 蘸片子

图4－37 吃蘸片子

图4－38 拉拉条

握溜溜 [uʌʔ^{35}liəu^{35}liəu^{31}]

一种用手握糊状面而制作的面食，也叫“握片片”[uʌʔ^{13}p^{h}iᴇ^{35}p^{h}iᴇ^{31}]。一般用高粱面和成稠糊状，用手攥少许，使其顺着指缝流出，成为形状不一的条状面，煮熟浇菜吃。

握猴儿 [uʌʔ^{35}xəu^{13}ʐʌʔ^{13}]

一种用玉米面制作的面食。先和成稠糊状并用手握成小团，在小米粥中煮食。

圪朵朵 [kʌʔ^{13}tuei^{31}tuei^{53}]

即猫耳朵。在案板或手掌上制作，把和好的白面、高粱面或莜面分成若干小面剂子，用一只手的大拇指推压，使之成为卷曲的小面片，如同小花骨朵儿，“圪朵朵”由此得名。据研究称，此面食源自伊斯兰教民族，有“秃秃麻食”“麻食”等叫法，字也有多种写法。元曲中有相关记载。

图4－39 做圪朵朵（1）

图4－40 做圪朵朵（2）

图4－41 圪朵朵

图4－42 剔拨蛄儿

图4－43 元宝饺子

拨蛄儿 [pʌʔ^{13}ku^{31}ʐʌʔ^{35}]

面食的一种，又叫“剔尖尖”[tʰiʌʔ^{13}tɕiᴇ^{31}tɕiᴇ^{35}]，有些地方叫“剔拨蛄儿”或“拨鱼儿”。因状似小鼠形（平遥人将老鼠叫作蛄儿）而得名。将高粱面或白面加水搅动成筋道的稠面糊，稍饧后，盛于剔面铁板上，用铁筷子把面条儿剔到沸水锅里。在碗里剔拨的还可叫“拨拉拉”[pʌʔ^{13}lɑ^{31}lɑ^{35}]，放在盆里剔拨的叫“盆盆锵”[pəŋ^{13}pəŋ^{13}tɕʰiɑŋ^{13}]。

角儿 [tɕyʌʔ^{13}ʐʌʔ^{13}]

又叫扁食、饺子。传统的角儿形状有元宝形、相公帽形、麦穗形等。一般在过节、家有大事或待客时吃。一般用白面包水饺，杂面包蒸饺。

图4－44 蒸角儿（1）

图4－45 蒸角儿（2）

拌介⁼ [paŋ^{35}tɕiᴇ^{53}]

也叫“拌介⁼汤”[paŋ^{35}tɕiᴇ^{53}tʰuə^{31}]，即拌汤。用少许水把面搅拌成小的絮状的面疙瘩，放锅里煮，可随意加入蔬菜、蛋液、肉末等，类似北京的疙瘩汤。

连米饭 [liᴇ^{35}mi^{53}xuaŋ^{35}]

又叫“和子饭”[xuei^{35}tsʌʔ^{55}xuaŋ^{13}]、“和和饭”[xuei^{13}xuei^{13}xuaŋ^{35}]。小米汤煮七成熟时，放入面条、菜煮熟。和子饭的调味方法十分有特色，铜勺内放油在火上加热，油热后炸入花椒、葱末、盐、五香粉，出香味后，趁热将勺子插入锅里，“嗤啦”一声，香味弥漫开来，当地把这种烹调方法称作“戳勺子”[tsʰuʌʔ^{13}suʌʔ^{53}tsʌʔ^{13}]。此外还有一种类似的面食叫“捂捂饭”[uʌʔ^{31}uʌʔ^{35}xuaŋ^{35}]，即先把南瓜、白菜等炒熟加入水，再把揪片、面条等下锅一块煮的面食。

图4－46 捂捂饭

油茶 [iəu^{13}tsʰɑ^{35}]

当地多为冬季早餐食用。一般用牛油或羊油炒制，油多于面，冷却后固化成型。食用时用刀切成细末下沸水锅中稍煮，再加盐及葱花等调料。当地还有另一种类似食品：“甜茶”[tiᴇ^{13}tsɑ^{13}]，白面炒熟，加入白糖、碎核桃仁、碎花生仁、黑芝麻等搅拌而成，用开水冲泡食用。

油炸糕 [iəu^{13}tsʌʔ^{53}kɔ^{13}]

即油糕，用软黄米面制作。蒸熟的黄米面内包白萝卜丝馅或豆沙馅，捏成长饺子状，下油锅炸好食用。过去只在冬至午饭时才能吃到。当地的油炸面食还有多种：“油麻花”[iəu^{13}mɑ^{13}xuɑ^{35}]，即麻花儿；“油条”[iəu^{13}tʰiɔ^{13}]，又叫“麻叶儿”[mɑ^{13}iʌʔ^{53}zʌʔ^{13}]；“吹泡泡”[tsʰuei^{31}pʰɔ^{35}pʰɔ^{53}]，一种两面鼓成泡状的薄脆油炸食品。

水煎包儿 [suei^{53}tɕiᴇ^{13}pɔ^{31}zʌʔ^{35}]

用油与水在深底鏊子上煎制的包子。将包子排在刷匀油的深底鏊子上，经淋油盖煎、加稀面汤盖焖后，再淋油焖煎即可。做好的水煎包色泽金黄，因面汤的作用全部连在了一起，吃的时候需用小铁铲铲开。

图4－47 做瓠托儿（1）

图4－48 做瓠托儿（2）

图4－49 做瓠托儿（3）

图4－50 瓠托儿

瓠托儿 [xu^{35}tʰuʌʔ^{13}ʐʌʔ^{31}]

也叫“摊摊”，北京叫“糊塌子”，用“瓠子”[xu^{35}tsʌʔ^{13}]（一种架结瓜类）和白面制成的饼。现在瓠子这种瓜比较少，所以也用“茭瓜”[tɕiɔ^{53}kuɑ^{31}]（西葫芦）和白面制作。先将西葫芦丝与白面加调料和成稀糊状，再用鏊子或平底锅加油煎熟即可。

油花花 [iəu^{13}xuɑ^{31}xuɑ^{35}]

油炸的各种花样食品。把半发酵的面与用熟油和好的面压在一起，可加红糖和糁，捏成各种花样炸熟。通常有卐字、如意、翻身、佛手、莲花、蝴蝶等形状，一般过年时家家自制，也是待客和送亲访友的礼品。

图4－51 油花花（1）

图4－52 油花花（2）

黄煎 [xuə^{13}tɕiᴇ^{13}]

一种煎制食品。在细玉米面中掺少许白面，加温水调成糊状发酵，加碱中和，加白糖调味，盛入“黄煎鏊子”[xuə^{13}tɕiᴇ^{13}ŋɔ^{35}tsʌʔ^{13}]（一种中部凸起、周围低凹成槽的铸铁锅具）烙制而成。过去过年时才吃，现在成为一道街头小吃。

图4－53 做黄煎（1）

图4－54 做黄煎（2）

图4－55 做黄煎（3）

图4－56 黄煎

花花 [xuɑ^{31}xuɑ^{35}]

图4－57 做花馍

节日里蒸的各类形状的花馍的通称，有“莲花”[liᴇ^{13}xuɑ^{13}]、“如意”[zʮ^{35}i^{53}]、“枣山山”[tsɔ^{53}sɑŋ^{31}sɑŋ^{35}]、“翻身儿”[xuɑŋ^{31}ʂʅᴇ^{3}ʐʌʔ^{53}]（或称“翻身身”）、“兔兔”[tu^{35}tu^{53}]、“卐字”[uɑŋ^{35}tsɿ^{53}]等，均为表达祝愿吉祥美好、期盼来年更加兴旺含意的图案。这些花馍除了食用外，也可用作供品。还有几种特殊的形状：“桃榴佛手”[tɔ^{13}liəu^{35}xuʌʔ^{13}ʂəu^{53}]，状如桃子、石榴、佛手，桃寓意长寿，石榴寓意“多子”，“佛”字在平遥方言中与“福”谐音。民俗日：“桃榴佛手，守住他妈不走。”意即祝愿孩子能“留住”。“蟾蟾吹笙笙”[tʂɑŋ^{13}tʂɑŋ^{13}tsuei^{31}ʂəŋ^{31}ʂəŋ^{35}]，状如蟾蜍吹笙，结婚仪式中常用，民俗日：“蟾蟾吹笙笙，好活一生生。”“好活一生生”，即幸福一辈子。

图4－58 枣山山

图4－59 莲花

图4－60 如意（1）

图4－61 如意（2）

图4－62 佛手

图4－63 翻身儿

图4－64 花花

花馍馍 [xua^{13}mei^{31}mei^{35}]

一种烧饼。用发酵面做成饼，在鏊子上烙熟食用。成品需在饼中间点红。

启擦子糕 [tuʌʔ^{53}tsʌʔ^{31}tsʌʔ^{35}kɔ^{13}]

油糕的一种。此糕不需油炸，在底部擦少许油煎熟即可。启子（即屁股）比喻糕的底部。

元宵 [yᴇ^{13}ɕiɔ^{13}]

当地正月十五早晨吃的一道节令食品，形状圆，取意团圆。先用白糖、桂花、玫瑰、芝麻、桃仁、青红丝、饴糖捏成小块馅料，倒入笸箩，淋入冷水，再加入湿糯米面，不停推动笸箩，让馅料滚动沾上糯米面，滚成原馅料两倍大的圆球形，即为元宵。

黄儿 [xuə^{35}zʌʔ^{35}]

也叫“发糕”[xuʌʔ^{13}kɔ^{13}]，一种发酵的蒸制食品，多用玉米面加少许白面制成。将和好的较稀软的面平摊在笼上，厚约 3 厘米。蒸熟后用刀切或用线勒开食用。过去农历二月初二还要蒸制一种“黄儿”，又称作“涎水窝窝”[xɑŋ^{13}suei^{53}uei^{31}uei^{35}]。捏十二个中间有小坑的窝头，分别代表一年十二个月，上锅蒸熟后，哪几个窝窝里的水多，就表明哪几个月雨水多。

端箍儿 [tuɑŋ^{13}ku^{53}zʌʔ^{35}]

过去端午时蒸制的一种特殊花馍。两端向内对称卷成环状，两个环中间各点缀个一红枣。

图4－65 端箍儿

旋饼 [ɕyᴇ^{13}pi^{53}]

立秋食品。白面发酵后揉成圆饼状，用鏊子烙熟。当地俗谚有“入伏角儿，立秋旋饼”“入伏吃饺子，立秋吃旋饼”。也可多加油制作，称“油旋子”[iəu^{13}ɕyᴇ^{35}tsʌʔ^{13}]。

花糕 [xua^{31}kɔ^{35}]

一种花馍。三层面夹两层枣，最上面再放一个花，花中间放一个枣。过去重阳节食用，也用来做供品。

图4－66 花糕

炒花儿 [tsɔ^{53}xua^{31}ʐʌʔ^{35}]

用玉米、黄豆、胡麻、大米、小米、小麦等爆炒后食用。因炒后崩开花，故名。过去农历十二月初一食用，现在也是平时的一种零食。

腊八粥 [lʌʔ^{53}pʌʔ^{53}tsuʌʔ^{13}]

腊八节早饭时食用的一种用黄软米、红枣、黄豆、绿青豆、小麦、豌豆等熬制而成的粥。也可用“江米”[tɕiaŋ^{13}mi^{53}]熬成稠粥，上点缀葡萄干、山楂糕、青红丝、蜂蜜等，制作成另一种腊八粥。

粞瓜儿 [sei^{31}kua^{35}ʐʌʔ^{53}]

用江米面熬制的瓜状糖。另有一种“贯馅糖”[kuaŋ^{13}ɕiaŋ^{13}tʰaŋ^{13}]，用糖粞熬成元宵大小的黄米团，内有白糖、青红丝，外裹芝麻。这两种糖也是腊月二十三祭灶王爷的供品。

图4－67 粞瓜儿

饼儿 [pi^{53}ʑʌʔ^{53}]

一种烤制的小薄饼，这种饼形似圆形饼干，上撒有芝麻，小而薄、硬，口感酥脆，制作精致，是过去婚宴上的一种面点。饼儿作为看茶点心，讲究只能观看不能品尝，今已不用。

二　副食

碗托子 [uaŋ^{53}tʰuʌʔ^{31}tsʌʔ^{35}]

一种食品，用白面和成糊状，加入炒好的油盐葱花，搅匀后放入浅碗中蒸制。出笼晾冷后，脱碗即成。碗托可凉调着吃，蘸调和水水吃，也可炒着吃。近年来本地兴起了“碗托宴”，把碗托调制出多种风味。当地也有用荞麦面制作碗托的，称为“荞面碗托子”[tɕiɔ^{31}miᴇ^{35}uaŋ^{53}tʰuʌʔ^{31}tsʌʔ^{35}]。碗托制作方便，价格低廉，是当地人百吃不厌的小吃。

图4－68 白面碗托子

案案糕 [ŋaŋ^{35}ŋaŋ^{53}kɔ^{31}]

也称“枣糕”。过去清明、冬至时的一道节令食品。原料为软黄米面和枣，一层面一层枣，叠加若干层至约 15 厘米厚，蒸熟出锅后放到案板上，覆盖笼布防尘防干，用薄刀切片食用。因其在案子上切食，故称“案案糕”。“凉糕”[liaŋ^{13}kɔ^{13}]，原料为糯米面和枣，与案案糕做法、吃法均同。“云云糕”[yŋ^{13}yŋ^{13}kɔ^{13}]，又叫“云子糕”[yŋ^{13}tsʌʔ^{13}kɔ^{13}]，做法亦与“案案糕”相同，切成三角形，油炸后食用。

图4－69 荞面碗托子

图4－70 软黄米

图4－71 发酵

图4－72 酒曲

图4－73 黄酒

黄酒 [xuə^{35}tɕiəu^{53}]

用当地产的软黄米（糜子）制成，酒性温和，既可饮用又可做烹饪作料，有活血化瘀、养血补血的功效。平遥黄酒据说是崇祯年间当地举人赵聚贤为解决家中粮仓堆积的糜子问题，苦心酿制而成，有蒸米、沥制、发酵等多个工序。过去当地人腊月酿制黄酒，正月用来待客。平遥有黄酒的老字号“长升源”。

熏肉 [ɕyŋ^{13}zəu^{35}]

多用猪肉、猪脸肉、猪内脏、猪蹄等为主材，卤煮熟后加柏木屑熏蒸而成，也可熏制鸡、鸽子等等。现在当地熏肉多以“杂木”熏制。熏肉为平遥特色肉食，旧时平遥城内鹦哥巷“李有志熏肉”很有名。

熄红薯 [ɕiʌʔ^{13}xuŋ^{35}sʮ^{53}]

即烤红薯。“熄”即烤。当地人多利用饭后余火把红薯、土豆、长山药放入灶膛烤熟，当饭后小吃。当地多产红薯，秋冬季节一般在窑洞里搭架储存，或放入地窖中储存。

豆腐脑儿 [təu^{35}xu^{53}nɔ^{53}zʌʔ^{13}]

一种当地早间小吃。用豆瓣、粉条等加调味料并加淀粉勾芡而成的卤汤，吃时还习惯加入韭花酱、香油、辣酱等。因常浇在“捞豆腐”上吃，故名“豆腐脑儿”，其实本身并没有豆腐。

捞豆腐 [lɔ^{13}təu^{35}xu^{53}]

又叫老豆腐，是豆腐制作过程中的半成品，可调入韭花酱、辣椒酱、香油等食用，亦可加“豆腐脑儿”食用。

牛腰腰 [ȵiəu^{13}iɔ^{31}iɔ^{35}]

油炸面制小吃，因其形似肾脏而得名。牛腰腰是过去婚宴上必不可少的看茶点心，至今仍是当地人喜爱的甜味小吃。

图4－74 牛腰腰

炉食 [ləu^{13}ʂʌʔ^{53}]

又叫“细吃的”，有时也说“点心细吃的”，专指店里买来的糕点。

莲花豆儿 [liᴇ^{13}xuɑ^{31}təu^{35}zʌʔ^{31}]

即油炸蚕豆。

杂合 [tsʌʔ^{53}kʌʔ^{35}]

即羊杂碎。

醪糟儿 [lɔ^{35}tsɔ^{53}ʐʌʔ^{13}]

一种汤品，用糯米经浸泡、大火蒸、撒麹、密封、发酵等工序制成。食用时，在清水中加入醪糟儿，烧沸，加入适量的糖，打入散鸡蛋液，煮沸即可。冬季街头常有小贩挑桶卖醪糟儿。

图4－75 工序之一：蒸

醋 [ts^{h}əu^{35}]

当地人喜吃醋，无论吃面还是炒菜，都喜欢加醋，其中以老陈醋为最佳。老陈醋的酿造工艺，创于明末清初，至今已有 300 多年的历史。老陈醋的制作工艺可分为蒸、发、熏、淋、捞、晒六个工序（见图 4–75、4–76、4–77、4–78，此四幅图为山西非物质文化遗产保护中心提供）。冬捞夏晒很重要。需要经过三年捞、晒方成浓稠、醇厚、无沉淀、不变质的陈醋。平遥人爱吃醋是为应对当地水质碱重而形成的一种饮食智慧。过去买醋叫“打醋”，卖醋人用“把提提”[pɑ^{35}t^{h}i^{31}t^{h}i^{13}]（即舀勺）和“醋淋淋”[ts^{h}əu^{35} liŋ^{35}liŋ^{53}]（漏斗）把醋灌入醋壶（图 4–79）。

图4－76 工序之二：发酵

图4－77 冬捞冰

图4－78 夏伏晒

图4－79 打醋

图4－80 罐装老陈醋

五年酿
三年酿

三　菜肴

黑菜 [xʌʔ^{13}ts^{h}æ^{35}]

即用胡萝卜叶子腌制的酸菜，因腌制后变为黑绿色，故称为黑菜。先把胡萝卜叶子（当地人称之为“胡萝卜缨缨”）处理后放入黑菜瓮中压实。瓮底部要预先放入 12 或 13 个辣椒，象征一年的 12 个月或闰年的 13 个月。腌制时需放上拍拍[p^{h}iʌʔ^{53}p^{h}iʌʔ^{35}]（秸秆编制的盖帘儿）并压上一块很重的石头。这是过去家家过冬必备的腌菜，吃时或凉调或炒制。“凉拌黑菜”[liaŋ^{31}paŋ^{35}xʌʔ^{13}tsæ^{35}]，在黑菜中加入葱、香油、辣椒、盐等调料，搅拌即可。还可以用黑菜为佐料制作出各种饭食。如“黑菜蛋蛋”[xʌʔ^{13}ts^{h}æ^{35}taŋ^{35}taŋ^{31}]，也叫黑菜丸子，黑菜切碎后加入白面搅拌，揉成圆球状，蒸熟，蘸调和水水吃。“黑菜菜饭”[xʌʔ^{13}ts^{h}æ^{35}ts^{h}æ^{35}xuaŋ^{53}]，将黑菜切碎，放入拌介⁼汤中，加入醋、辣椒、咸盐、香油等调味即成。以往人们把黑菜作为冬季蔬菜缺少时的重要补充，现在则作为传统菜肴的一种，登上人们的饭桌。

图4－81 炒黑菜

图4－82 炒黄菜

黄菜 [xuə^{13}tsʰæ^{35}]

即用芥菜根块（俗称芥疙瘩）和叶子腌制的酸菜，因制成后其颜色呈黄色，故名黄菜。将芥菜丝在瓮中压实，放上拍拍并压上石头，经几次撇沫加水后发酵半月即可食用。民间有制作黄菜的绕口令："黄菜里努白醭，有了白醭撇白醭，撇了白醭还有白醭。"意即黄菜里出现白沫，要及时舀出，舀出后还需再次发酵出沫。"努"[nəu^{53}]，冒出来。"白醭"[piʌʔ^{53}pəʌʔ^{13}]，即白沫。

辣丝丝 [lʌʔ^{53}sɿ^{31}sɿ^{35}]

当地冬季早晚饭常吃的凉调小菜。用芥疙瘩切成丝儿，再加上芥菜籽研成的芥末粉调制制成，很受人们喜爱。

咿呀菜 [i^{13}iɑ^{13}tsʰæ^{35}]

一道小凉菜。以煮熟的咸黄豆为主，拌入切成锯齿形的山药丝、海带丝、豆腐干丝、杏仁、虾仁等制成。街头贩卖的人有的挑着装有小菜的玻璃盒子，唱着顺口溜沿街叫卖。据说因其唱词中夹有"咿咿呀呀"的叫喊声而得名。顺口溜可以随意编。

麻丝鸡蛋 [mɑ^{13}sɿ^{13}tɕi^{13}tɑŋ^{35}]

细丝状蛋制菜品。将鸡蛋打散搅匀后，用特制的漏勺将鸡蛋筛进油锅炸熟，这时鸡蛋呈细丝状，故称麻丝鸡蛋。麻丝即细丝。

图4－83 平遥牛肉（1）

图4－84 平遥牛肉（2）

平遥牛肉 [piŋ^{13}iɔ^{13}ȵiəu^{31}zə̢u^{35}]

当地名吃。制作工艺始于明代，至清代嘉庆、道光年间已很闻名。慈禧太后西逃路经此地，尝此肉后赞不绝口，平遥牛肉从此声名远扬。平遥民歌《夸土产》中有“平遥的牛肉太谷的饼，清徐的葡萄甜格盈盈”这样的歌词，经著名歌唱艺术家郭兰英(平遥人)唱响后更是闻名全国。

酱拔肉 [tɕiɑŋ^{35}pʌʔ^{31}zə̢u^{35}]

当地一道用羊肉和虾酱制作的待客菜肴。羊里脊上浆炸至焦黄，再用虾酱及葱姜蒜调味后爆炒出锅。

糟肉 [tsɔ^{13}zə̢u^{35}]

当地一道传统名菜，又叫“酱梅肉”[tɕiɑŋ^{35}mæ^{13}zə̢u^{35}]。将五花猪肉卤煮切片码入碗内，浇入兑好的腐乳汁，上笼蒸30分钟出锅即可。吃起来不柴不腻，香烂醇厚。

图4－85 糟肉

过油肉 [kuei^{13}iəu^{31}zə̢u^{35}]

当地的一道特色肉菜。五分硬币大小的猪肉片，上浆炸成金黄色，与少量蔬菜、木耳及葱姜蒜等调料煸炒而成。过去待客及过节必做过油肉，亦可称为山西名菜。

黑碗子 [xʌʔ^{35}uɑŋ^{53}tsʌʔ^{13}]

蒸菜的统称，因都用当地黑色粗瓷碗制作而得名。烧肉、大肉、肘子、蹄子、酥肉、片肉、凉肉、丸子、糟肉（腐乳肉）等各种肉，在制作到八成熟时，放到碗中冷却存放。吃时加热蒸熟，把黑碗子里的肉扣到盘中，浇上“清汤汁”[tɕʰiŋ^{13}tʰuə^{13}tʂʌʔ^{35}]，稍加整形上桌。黑碗子是当地请客、过节时的传统菜肴。由于存放时总是两个碗合在一起，平遥话“黑”与“合”发音相同，且现在也有用白色粗瓷碗制作的，故也有人认为是“合碗子”。

图4－86 黑碗子（1）

图4－87 黑碗子（2）

四　起居

一天三顿饭 [iʌʔ^{13}tʰiᴇ^{13}sɑŋ^{31}tuŋ^{35}xuɑŋ^{53}]

旧时乡村，农忙时一日三餐，农闲时一日两餐，现今城乡均为三餐。当地一日三餐有两种不同的时间表。下地务农的家庭一日三餐的时间与田间劳动紧密相关，男劳力要在天将明时就下地干活，妇女则开始生火做饭。早晨饭要到八点多“日头爷”[ʐ̩ʌʔ^{53}təu^{53}iᴇ^{31}]（太阳）完全出来后男劳力结束晨间劳动回来时吃。晌午饭要到中午一两点最晒的时候男劳力“动弹”[tuŋ^{35}tɑŋ^{53}]（劳动）结束后回来吃。下午田间劳动一般要持续到太阳下山后。晚夕饭一般在晚上八九点钟才吃。家里有上班或上学的家庭，吃饭时间要与城镇上班、学校上课时间一致。

早晨饭 [tsɔ^{53}ʂ̩əŋ^{13}xuɑŋ^{35}]/**晚夕饭** [uɑŋ^{53}sei^{13}xuɑŋ^{35}]

一般是小米米汤加“干硬”，米汤里面可加黄豆、红薯或土豆，佐以凉菜或咸菜。

晌午饭 [suə^{53}u^{31}xɑŋ^{35}]

一般吃各式的煮面，叫“面饭”[miᴇ^{35}xuɑŋ^{31}]，以区别于蒸食。吃时在面上加炒菜或盐、辣椒、醋等调料。过去平遥产“粮食”[luə^{13}ʂ̩ʌʔ^{53}]以粗粮为主，故面食也主要用高粱面、玉米面、豆面、荞面等制作。现今主要以小麦粉为主，粗粮为“吃稀罕”。

菜蔬 [tsʰæ^{35}sʮ^{31}]

即蔬菜。过去本地蔬菜品种不多，夏天主要有洋柿子（西红柿）、豆角、辣椒、茭瓜（西胡芦）、茴子白、韭菜、黄瓜、葱儿、茄子等，冬天主要以山药蛋、白菜、胡萝卜、白萝卜为主。

秋收下 [tɕ^{h}iəu^{13}ʂəu^{31}xɑ^{35}]

即秋收结束后。这时当地人习惯腌制黄菜和黑菜，用玉蔓菁（苤蓝）、芥菜疙瘩腌老咸菜。洋柿子做酱装瓶保存，也是冬储菜的一种。

吃粗粮 [tʂ^{h}ʌʔ^{13}ts^{h}əu^{13}liɑŋ^{35}]

当地人粗粮细做，创造了许多特有的面食。玉米面或蒸或烤，如黄儿、黄煎、窝窝、银裹金（白面加玉米面制成的卷卷）。高粱面加榆皮面或粘谷草面可制成各类煮食，如掐疙瘩、擦蛇蚪等。人们戏称：“早晨金皇后，中午一六九，晚上换个样，还是窝窝头。”金皇后和一六九都是玉米的品种，意即换来换去还是粗粮玉米面，是对吃粗粮的一种无奈的调侃。现今虽以白面细粮为主了，但精工细作、巧用心思的粗粮制品保留了下来，成为健康时尚食品，再次登上了人们的饭桌。

调和嘴 [tiɔ^{35}xuei^{35}tsuei^{53}]

本地人嗜酸嗜辣，饮食中多喜欢用醋、辣椒来作调和，几乎每种面食、炒菜中都需加醋或辣椒。爱吃酸辣味的人被称作“调和嘴”。

食品红 [ʂʌʔ^{13}p^{h}iŋ^{53}xuŋ^{35}]

经常使用的一种食用色素。当地人讲究在日常食用的馍馍上点红点。在婚礼、生日和春节等喜庆节日，所有的蒸制面食上一定要全部用食品红加以点缀。

原汤克原食 [yᴇ^{13}t^{h}uə^{13}k^{h}ʌʔ^{31}yᴇ^{13}ʂʌʔ^{53}]

当地人习惯在吃煮制的面食后喝面汤（煮面后的汤），如吃饺子后要喝饺子汤，故俗语云“原汤克原食”或“原汤克化（消化）原食”。

头碗头筷 [təu^{13}uɑŋ^{53}təu^{13}k^{h}uæ^{35}]

传统的家庭中，要由主妇给家中所有的人盛饭，还要在每碗饭上平放一双筷子。盛出第一碗饭，第一个放筷子，称头碗头筷。头碗头筷要给家中最年长的长辈吃，或者给家中的顶梁柱——父亲吃。

居舍吃 [tɕyᴇ^{13}ʂʅᴇ^{35}tʂ^{h}ʌʔ^{13}]/**外头吃** [uæ^{35}təu^{53}tʂ^{h}ʌʔ^{13}]

“居舍吃”即在家吃，“外头吃”则是到门外吃。夏秋天气炎热，乡村的人们有的习惯端着饭碗到外面的巷口，跎蹴[kʌʔ53tɕiəu35]（蹲）在路边，一边吃饭一边“捣歇”[tɔ53ɕiʌʔ13]（聊天）。

饮食规矩 [iŋ53ʂʌʔ53kuei13tɕy53]

吃饭的规矩。满十三岁的孩子就需要立规矩，如：不能含着饭说话，吞咽下后才可说话；吃东西不能发出声音；宴席上不能站起来夹菜，不能捋袖子吃；吃饭时不能抠耳朵、鼻子、头发；菜不能掉在桌上，尤其是做客时；吃饭时须让长辈先坐，一般先让客人动筷；吃饭吃七分饱，喝酒喝一半量，否则会被视为丢脸。还要懂得一些饮食禁忌：如不能拿筷子敲碗，当地有谚语“敲碗敲筷子，讨吃一辈子”；筷子不许插在饭上，因为上供时才将筷子插入饭中；不能把筷子摆成十字放在碗上，必须并列摆放；忌吃饭中间入厕。

祭菜 [tɕi35tsʰæ53]

本地重视丧礼，要摆放祭菜，一般在两个八仙桌拼成的祭桌上，摆放样子精美的祭菜，讲究形色，美观诱人。菜品的数量一般为“四四”“八八”“八八一领四”等。

九块碗 [tɕiəu53xuæ53uɑŋ53]

即九个碗，为当地传统家宴。共有九样菜，均用大碗盛放。一般包括：烧肉、肘子、大肉、片肉、酥肉、夹板儿豆腐（豆腐里头夹肉）、丸子，再加上两个汤。宴席常以“丸子”压轴，表示菜到此为止，已“完”。

九碗九碟 [tɕiəu53uɑŋ53tɕiəu35tiʌʔ53]

九碗指红烧肘子、红烧肉、酥肉、大肉、炒肉、片肉、过油肉、四喜丸子汤、甜糯米饭。九碟指九样凉菜：水晶蹄子、猪耳花、猪头肉、牛肉、海蜇、海带、龙爪、虾米、洋粉。九碗九碟是现今婚宴等大型宴席的一般待客标准。

待客礼节 [tæ35tɕʰiʌʔ13li53tɕiʌʔ31]

平遥人待客非常注重礼仪。宴请客人，尊为上座，奉陪始终。迎送客人，请客先行。送客要送出大门外，有时甚至送到街巷口，临别道“慢走”“再来”等。客人没走远，不吐痰，不骂狗，不扫地。待客多喜欢用三台碗、搪瓷缸子，泼些儿茶（冲茶）或泼些儿红糖水、蜂蜜水款待。过去待客多在家里，至少四个碟子，要有凉有热，有荤有素。逢年过节亲友赠送食品时，不能实来空走，要酌情回赠。送人食品忌给四个或八个，要送单数。过去招待客人吃饭，不能吃擦蛇蚪，因“擦蛇蚪”俗称“眼眼食”[ȵiaŋ^{53}ȵiaŋ^{13}ʂʌʔ^{53}]，而受人冷眼、被人瞧不起的境遇也被称为吃“眼眼食”。

席间礼仪 [ɕiʌʔ^{13}tɕiaŋ^{35}li^{53}i^{35}]

平遥人有一套完善的席间礼仪。宴席座次要按辈分顺序入座，八仙桌坐六人，进门一边空着，供上菜用。靠墙左上为上席，主客上座；右上为陪席，主人陪座。余四座左为尊右为下。又长辈坐尊位，晚辈在下首。每席必有家人作陪，敬酒劝菜。席上，始终以招待客人为主。席间先上四样点心或者水果，是看茶点心，不能吃。吃饭时，菜先摆放在主位，让客人先动筷，客人不动筷子，就不能开始吃饭。讲究酒满盅茶半杯。酒量要把握，最多喝自己酒量的一半。不能频繁举筷子夹菜吃，要吃完一口就放下筷子，注意吃的仪态。只吃自己跟前的菜，不伸胳膊夹远处的菜。在饭桌上给客人夹馒头或菜时要用筷子另一头。客人说吃好了，大家就都放下筷子。

做客人 [tsuʌʔ^{13}tɕʰiʌʔ^{31}zəŋ^{35}]

作为客人受招待。在当地作客也有讲究。首先是客人穿戴要尽量体面。以前贫困年代没有多少好衣服，出去作客尽量穿最好的。实在没有好衣服时，向同村邻人借也可以，不可穿得太破让人小看，俗语有“穷人家不能穷村子”“银钱如粪土，脸面值千金”。客人到了主家，也要客随主便，要尽量谅解，不要过分挑剔。

记性火烧 [tɕi^{35}ɕiŋ^{13}xuei^{53}ʂɔ^{13}]

用油、盐、葱、鸡蛋制成的火烧。当地人过去一贯尊崇孔子，崇尚礼教，注重读书。旧习学龄儿童每学期入学日，都要吃“记性火烧”，家长期望孩子能有好记性，书读得好，取得功名。

伍·农工百艺

图5－1 平遥漆艺

平遥地处黄土高原东，县境以丘陵和山地为主。在农业种植方面，当地人民吃苦耐劳，有“巧耕巧种，粮食满囤”“人勤地不懒，大囤圪堆小囤满”的说法。旧时有看天象预测收成的习俗，如农谚“伏日雨多，谷儿米多；伏日没雨，谷儿没米”“小雪雪满天，来年必丰年”。由于当地基本上靠天吃饭，农业生产须紧随节气，不能有一点耽误，有“清明前后，揞瓜种豆”“早种三分收，晚种三分丢”“秋分糜糜割不得，寒露谷儿日[tɕʰiɛ⁵³](等)不得”“立冬不起菜，必定要受害”等农谚。每年庄稼上场入仓前，一家之长来到打场内，在扇车前烧香上供，以庆丰收，祈盼高仓，打场时忌说不吉祥语，只能说多，不能说少。“添仓日”即是老百姓祈求粮食满仓，希望生活富裕的一种表现。

手工业生产在平遥历史悠久，俗语云：“能学一艺精，不学百艺通”。各种手工业工匠有各自的习俗。旧时都要拜师学艺，学艺期间有诸多讲究。徒弟要向师傅叩头，视同父母；师傅视徒弟应亲如子女。手工业各行都供奉各自的祖师爷或神灵，如木匠、泥瓦匠供奉鲁班。平遥手工业最为著名的是推光漆器。

一　农事农具

耕地 [tɕiᴇ^{31}ti^{35}]

也叫翻地。春播前，用犁 [li^{13}] 将休养了一个冬季的土地全部翻松，以疏松土地，便于播种。

图5-2 犁

图5－3 耙

图5－4 耙（局部）

图5－5 两腿耧

图5－6 三腿耧

耙地 [pɑ³⁵ti³⁵]

用耙 [pɑ¹³] 将翻过的地整平，去除大的硬土块等。耙由牲畜拉动，下面有齿，可将石块带走。耙地时耙上站一个小孩或加两块大石头，以增加其重量。

耧 [ləu¹³]

播撒种子的农具。耧的上部为漏斗形，漏斗底部靠后处开口，可将种子漏到翻开的土里；耧的下端支撑耧身的部分叫“耧腿腿”[ləu¹³tʰuæ⁵³tʰuæ³¹]，用来翻开土地的金属尖套称为“耧鞋鞋”[ləu¹³xai¹³xai¹³]。耧可分为两腿耧，一次可播种两行，行间距较大；三腿耧，一次可播种三行，行间距较小。播种时，牲畜在前面牵引，人在后面摇耧，以控制撒种的数量及疏密。

图5－7 落砘

图5－8 大锄

落砘 [lʌʔ^{53}tuŋ^{35}]

播种后用来压实土地的农具。落砘是用一根木棍串起的一个或两三个小石磙，种上庄稼后用来压籽，其目的主要是让种子和土壤充分接触，同时减少土壤里的水分散失，起到“保墒”[pɔ^{53}suə^{13}]作用，以利种子发芽。

锄地 [sɥ^{31}ti^{35}]

种下的种子待长出苗后，要不时地锄草，或根据需要间苗，这对于作物生长有重要作用。俗云“谷间一寸如上粪”。当地又有“不怕迟种，单怕迟锄”“人怕话多，地怕草多”“棉花锄八遍，绒细出好线”等农谚。锄草也有不同的工具，如：大锄[tei^{35}sɥ^{31}]，用来锄玉米等间距较大的庄稼地里的草；间谷儿锄[tɕiaŋ^{35}kuʌʔ^{31}zʌʔ^{35}sɥ^{31}]，专门用来锄谷子地里的杂草。

郎锄锄 [laŋ^{13}sɥ^{13}sɥ^{13}]

一种小锄。有的村子也叫“锄郎郎”[sɥ^{13}laŋ^{13}laŋ^{13}]。

图5－9 郎锄锄（1）

图5－10 郎锄锄（2）

刀儿锄 [tɔ^{31}ʐʌʔ^{35}sʮ^{13}]

一种由菜刀改制而成的锄。

开镰 [kʰai^{13}liᴇ^{13}]

开始收割麦子叫“开镰”。到了收割的季节，要及时将作物收割下来，送到打场进行脱粒、去壳，直至装入粮仓。平遥小麦的收割通常在夏至前后，农谚有“夏至十日麦青割”，意为夏至十日以后即使麦子是青的也一定要收割，因为它不会再生长了。平遥各地收割麦子的时间稍有差异，有的地方“打春一百，开镰收麦”。

图5－11 刀儿锄

笨镰 [pəŋ^{35}liᴇ^{53}]

镰刀的一种，刀与柄相连处是固定的，不能折叠，割高粱、砍柴用。

兴镰 [ɕiŋ^{35}liᴇ^{53}]

镰刀的一种，刀与柄相连处不固定，能折叠，刀刃薄而锋利，专用于割麦，割秋庄稼则容易损坏。

图5－12 笨镰

图5－13 兴镰

蚤刀刀 [tsɔ^{53}tɔ^{31}tɔ^{35}]

一种铁制的随手小刀，用于秋收时切谷穗、高粱穗，在收割庄稼时和镰刀一样重要；也可切刮萝卜、芥菜等的根须。

图5－14 蚤刀刀

铡麦穗穗 [sʌʔ^{53}miʌʔ^{13}ɕy^{35}ɕy^{53}]

割下的麦子捆好用“开车”送到打场后，要用铡刀 [sʌʔ^{53}tɔ^{13}] 将麦秆切割掉，只留下麦穗。

拣麦根根 [tɕiaŋ^{53}miʌʔ^{53}kəŋ^{35}kəŋ^{53}]

收割完麦子后，在麦地里拣拾落下的麦子，就是拣麦根根。

翻场 [xuaŋ^{13}tsuə^{35}]

将铡下来的麦穗铺在场里晾晒，其间用杈子 [sɑ^{13}tsʌʔ^{13}] 不时地翻动，以确保晾晒均匀，这一过程称为“翻场”。杈子为木制，有六股杈、四股杈，同木刮子一起用于打场。

图5－15 铡刀

图5－16 木杈子和木刮子

图5－17 碌碡

碾场 [ɳɑŋ^{53}tsuə^{13}]

将晒干的麦穗碾压脱粒的过程叫“碾场”。碾场用的主要工具为碌碡 [liəu^{35} tʂəu^{53}]，是一种与碾子类似的石磙。碾场时，一个人腰间系一根长绳站在场中央，麦穗在碾场四周铺开，绳的另一端牵着牲畜，牲畜牵引着碌碡，人通过调整绳子的长短来控制牲畜的位置，从而使碌碡碾到全部麦穗。

扇场 [ʂɑŋ^{53}tsuə^{13}]

碾场后，碾下的麦粒或谷粒用木刮 [mʌʔ^{31}kuʌʔ^{35}] 拢成堆，用扇车将已经碾下来的麦壳吹掉，这一过程称为“扇场”。

扇场是家中的大事，一年的收成好坏，扇完之后即见分晓。扇场前，一家之长要到打场上来，在扇车前对着“龙口”烧香上供，祈盼高仓。打场时忌说不吉利的话，只能说“多”，不能说“少”。

扇场要“捣扇车”[tɔ^{53}ʂɑŋ^{35}ʂʅᴇ^{53}]（摇扇车）、“脑簸箕[nɔ^{53}pei^{35}tɕi^{31}]（用肩扛起簸箕）、“溜簸箕”[liəu^{13}pei^{35}tɕi^{31}]（将粮食倒入扇车）、“打截[tɑ^{31}tɕiʌʔ^{53}]”（用木锨或大扫帚处理落下部分）等，须多人合作。

扇车 [ʂaŋ^{35}ʂʅᴇ^{53}]

也叫扇车车。扇谷子的扇车叫米扇车 [mi^{53}ʂaŋ^{35}ʂʅᴇ^{53}]。

图5－18 扇车

图5－19 米扇车

图5－20 铁刮

图5－21 碾槽槽

刮子 [kuʌʔ^{35}tsʌʔ^{53}]

刮子有两种，木刮[mʌʔ^{31}kuʌʔ^{35}]为木制，打场用；铁刮[tʰiʌʔ^{31}kuʌʔ^{35}]为铁制，平整土地用。

碾槽槽 [ȵɑŋ^{53}tsɔ^{35}tsɔ^{53}]

用来碾碎粮食或药材等。碾子下是一个石槽，槽中有一个木棍穿过的石轮。石轮在石槽中来回滚动，即可碾碎物品。

碾儿 [ȵaŋ^{35}z̩ʌʔ^{53}]

主要用来为谷子或黍子去壳，或将玉米、小米碾成面粉。

图5－22 碾儿

磨儿 [mei^{35}ʐʌʔ^{53}]

平遥的磨用白砂石制成，用来把麦子等磨成面粉。但现在已不使用了。

镢子 [tɕyʌʔ^{31}tsʌʔ^{35}]

砍地的农具，用来把板结的土壤砍松。

叉锨 [ts^{h}ɑ^{31}tɕ^{h}iᴇ^{13}]

一种翻粪的农具。旧时农村种地自沤农家肥，俗称“沤粪”，以杂草、生活垃圾、污水、人粪尿等混合。沤粪期间，需用叉锨翻动几次。叉锨有四股的，有三股的。三股的也叫“三爪爪”[sɑŋ^{13}tsuɑ^{53}tsuɑ^{31}]。

抬筐 [t^{h}æ^{13}k^{h}uɑŋ^{13}]

农业生产中一种抬土用的筐，本身无梁，使用时用一根木棍从筐两边的绳套中穿过即可抬起。

图5－23 磨儿

图5－24 镢子

图5－25 叉锨

图5－26 抬筐

浅浅 [tɕiᴇ^{53}tɕiᴇ^{13}]

周边较浅的盛东西的用具，中间十字梁较低平，形同篓篓，也用荆条编成，但容量稍小。

懒架架 [laŋ^{53}tɕiɑ^{35}tɕiɑ^{31}]

农业生产中，用来担庄稼、担粪等的一种用具，可用扁担直接挑上，起落方便。

图5－27 懒架架

笸箩 [pʌʔ^{53}lɑ^{13}]

用柳条编成，较浅，可晾晒面粉或粮食，有圆形的，也有长方形的。

栲栳 [kʌʔ^{53}lɔ^{31}]

一种用具，小而深，有人字梁。

踅筛 [ɕyʌʔ^{53}sæ^{13}]

圆形筛，用来筛颗粒状的粮食如玉米、豆子等，以去除里面的土沙。小的叫“踅筛筛”。

图5－28 笸箩

图5－29 栲栳

图5－30 踅筛

图5－31 箩

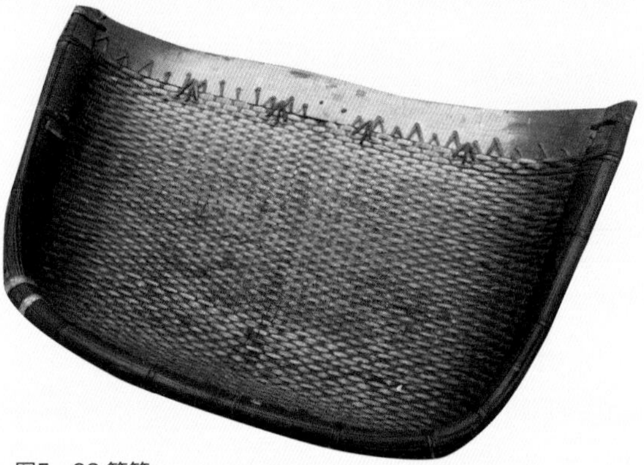

图5－32 簸箕

箩 [lei^{13}]

箩面粉的一种工具，圆形，周围用木片圈起，下面为筛底。

簸箕 [pei^{35}tɕi^{31}]

用柳条编成的器具，三面有边沿，一面敞口，用来簸粮食。

箩床床 [lei^{13}suə^{13}suə^{13}]

一种放在笸箩里头用来架起箩的工具。箩被架起来，箩面时面粉落在笸箩里面。

图5－33 箩、箩床床和长笸箩

瀚儿 [xɑŋ^{53}ʐʌʔ^{53}]

与箩配套使用的一种用来盛接箩下来的面粉的木制容器。一般为长方形，两头有可用于手抬的柄，比较深，可一次放较多面粉。

脚踏箩 [tɕyʌʔ^{53}tʌʔ^{53}lei^{13}]

一种箩面用的半机械化的农具，用来箩较多的面粉。一般安在磨房里，瀚儿在地上，箩吊在空中，瀚儿与箩有机械装置相连，两脚踏住瀚儿的两边，左右摇摆，带动箩左右摆动，从而将面粉箩下，与“手扳箩”[ʂəu^{53} pɑŋ^{31}lei^{35}]相比，省力而有效率。

斗 [təu^{53}]

称量粮食的量器，一斗为十升，一升为十合。有的斗中间有隔板，可用来量半斗粮食，还有的在其中的半斗中又分两格，可量四分之一斗。

图5－34 斗

秤 [ʂʅ^{35}]

衡量轻重的器具。秤有杆秤、磅秤、弹簧秤等。中国古代重量单位，十五斤为一秤。平遥本地将“秤砣”称为“秤锤”[ʂʅ^{35}tsuei^{53}]，秤上手提的绳叫“秤毫毫”[ʂʅ^{35}xɔ^{31}xɔ^{35}]。

簸箕箕秤 [pei^{35}tɕi^{13}tɕi^{13}ʂʅ^{35}]

簸箕箕秤是指用簸箕作为称东西时盛物的容器的秤。

图5－35 秤

盘盘秤 [p^{h}aŋ^{13}p^{h}aŋ^{31}ʂʅ^{35}]

盘盘秤是秤的两边都是盘子的秤，称东西时一边的盘子里放所要称的物品，另一边的盘子里放砝码，左右两边的盘子达到平衡即可。盘盘秤一般用来称重量比较轻的物品。

戥子 [təŋ^{53}tsʌʔ^{13}]

用来称重量较轻的物品如银两、中药等的衡器。用来收纳戥子的盒子叫“戥子壳壳”[təŋ^{53}tsʌʔ^{13}k^{h}ʌʔ^{31}k^{h}ʌʔ^{35}]。

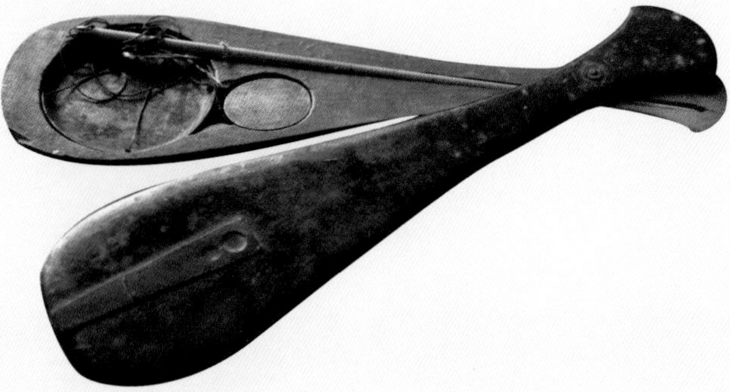

图5－36 戥子和戥子壳壳

辘轳 [luʌʔ³¹luʌʔ³⁵]

从井中提水的工具。用来支撑辘轳的人字形木头架子称为"木人"[mʌʔ³¹zəŋ³⁵]。

图5－37 辘轳

图5－38 木人和辘轳

绞水 [tɕiɔ^{35}suei^{53}]

用辘轳从井里往上提水。

落杆 [lʌʔ^{31}kiᴇ^{35}]

即连枷，也有人叫“落鞭”[lʌʔ^{31}piᴇ^{35}]。

扁担 [paŋ^{53}taŋ^{35}]

两头尖，用来担柴火或高粱捆的一种工具，有的两端套金属冠。

图5－39 落杆

图5－40 担杖

担杖 [taŋ^{35}tsuə^{53}]

挑水或其他东西用的扁担，两端有垂下来的铁链，铁链末端有勾子，用来勾住桶或筐子。

砖模 [tsuaŋ^{31}mu^{35}]/**瓦模** [uɑ^{53}mu^{13}]

制作砖和筒瓦的模子。

图5－41 用担杖担水

图5－42 砖模（左）和瓦模（右）

二　手工艺

推光漆 [t^{h}uæ^{13}kuɑŋ^{13}tɕ^{h}iʌʔ^{13}]

推光漆器是平遥手工艺的代表。平遥推光漆器历史悠久，相传源于商周，春秋战国时已初具雏形，到中唐时期，在历代艺人的传承下逐渐形成独特的艺术风格，至明清时期达到顶峰。民国初年，平遥漆器店有 17 家，成为山西漆器主要产地，产品远销海内外。

推光漆器用中国特有的大漆（天然生漆）为原料，以人工手掌推磨出光泽。该漆器漆面光洁，色泽柔润，有耐潮、耐热、耐酸碱、耐老化的特点。推光漆器在当地使用范围非常广泛，可谓是“养生送终之具”，其产品有家具、餐具、日常用具、屏风等多个类别。

图5－43 推光漆器

图5－44 推光漆器屏风（九龙壁）

图5－45 推光漆器屏风（风景）

大漆 [tɑ^{35}tɕ^{h}iʌʔ^{13}]

漆树上分泌出来的天然漆，也叫“生漆”，为油包水型乳液，不溶于水，只溶于桐油等有机溶剂。制作漆器的大漆需要在特定的温度下熬制，使其脱去水分。这种漆具有防潮、防腐、耐油、耐高温、耐磨损、抗强酸强碱等特性，是保护器物特别是木器的优良用漆。

烤窑 [k^{h}ɔ^{53}iɔ^{13}]

烘烤木材的窑房。传统的平遥推光漆器多为椴木木胎，制作漆器要求板材含水率在规定的范围之内，因此，木材需要先入烤窑烘烤三周，脱去水分，方可使用。

灰胎 [xuæ^{13}t^{h}æ^{13}]

木胎要经过裱布、裱纸、上灰等工序。上灰需四到五道，上一道磨一道，直到平整为止，上灰工艺决定漆器漆层的牢固度及平整度。

髹漆 [ɕiəu^{13}tɕ^{h}iʌʔ^{13}]

即上漆。髹漆是漆器制作中最为关键的一道工序，每件产品从底漆到面漆一般需要上五至八道漆，不断打磨上漆，循环反复，最后一道以手掌推磨出光。

图5－46 髹漆

图5－47 画工（1）

图5－48 画工（2）

图5－49 颜料及画笔

画工 [xuɑ35kuŋ31]

对漆好的漆器板材进行装饰的工艺称为画工。平遥漆器的画工有描金彩绘、堆鼓罩漆、镶嵌、擦色等多种装饰工艺。

纱阁戏人 [sɑ^{13}kʌʔ^{31}ɕi^{35}zəŋ^{13}]

又称“纱阁人人”，简称纱阁。以传统戏剧为题材，将以稻秸泥和洒金宣纸扎制而成的戏剧人物置放于有碧纱罩遮的阁内，一阁一戏，一戏一场，犹如小小舞台，供人欣赏。平遥纱阁戏人属于中国古代造型艺术的一种，现在已经列入国家级非物质文化遗产。

图5－50 纱阁戏人（恶虎村）

图5－51 纱阁戏人（画春园）

铰花子 [tɕiɔ^{53}xuɑ^{31}tsʌʔ^{53}]

铰花子即剪纸。平遥剪纸是平遥民间手工艺的代表之一，广泛应用于节日庆典、婚丧嫁娶、人生礼仪及日常生活。

图5－52 花开富贵

图5－53 鹿鹤同松

图5－54 五蝠捧寿

图5－55 三羊开泰

图5－56 铰花子民间艺人侯全英

图5－57 窗花（纺织）

三　商业

铺子 [p^{h}u^{35}tsʌʔ^{53}]

铺子，即店铺。在晋商鼎盛的时期，平遥商业异常繁荣。各行各业均设有店铺。如“杂货铺”[tsʌʔ^{53}xuei^{35}p^{h}u^{53}]、“炉食铺”[ləu^{35}ʂʌʔ^{53}p^{h}u^{35}]（卖点心及其他面食品的铺子）、“木匠铺”[mʌʔ^{53}tɕyə^{35}p^{h}u^{53}]、“糟坊”[tsɔ^{31}xuə^{35}]（专指制酒的作坊。糟坊前店后场，酿酒产生酒糟，故称“糟坊”）、“杀坊”[sʌʔ^{31}xuə^{35}]（宰杀猪羊并卖肉的商铺）、“银匠铺”[ȵiŋ^{31}tɕyə^{35}p^{h}u^{53}]（制作贩卖金银饰品的商铺）、“南锦铺”[nɑŋ^{13}tɕiŋ^{13}p^{h}u^{13}]（旧指百货店，据说由“南锦杂货”得名）、“打荒铺”[tɑ^{53}xuɑŋ^{31}p^{h}u^{53}]（买卖废旧物品的商店）、“炭市儿”[t^{h}ɑŋ^{35}sʅ^{53}ʐʌʔ^{13}]（旧指卖煤炭的市场，又叫“炭场”[t^{h}ɑŋ^{35}tʂ^{h}ɑŋ^{53}]）、“盆子碗铺”[pəŋ^{13}tsʌʔ^{13}uɑŋ^{53}p^{h}u^{35}]（又叫“瓷器铺”[tsʅ^{31}tɕ^{h}i^{35}p^{h}u^{53}]）、“书铺”[sʮ^{13}p^{h}u^{13}]（卖书兼卖文具的商店）、“古董铺”[ku^{53}tuŋ^{53}p^{h}u^{31}]、“纸活铺”[tsʅ^{53}xuʌʔ^{53}p^{h}u^{31}]（即冥器铺，指售卖陪葬品的商铺）。如今，作为世界文化遗产的平遥古城，大街上仍是古物琳琅满目，一片商业气息。

做买卖 [tsuʌʔ^{35}mæ^{53}mæ^{13}]

也称“做生意”[tsuʌʔ^{13}səŋ^{13}i^{13}]。

买卖人 [mæ^{53}mæ^{53}ʐəŋ^{53}]

指做买卖的商人。“搭伙计”[tɑ^{13}xuei^{53}tɕi^{13}]，合伙做生意。

学年轻 [ɕiʌʔ^{53}ȵiE^{13}tɕ^{h}iŋ^{13}]

商号中学徒阶段。

图5－58 买卖人

图5－59 字号“日升昌记”

图5－60 字号“老醋坊”

图5－61 字号“梁家正宗祖传碗脱”

字号 [tsɿ^{35}xɔ^{53}]

商店的泛称。写在匾额上也称“牌匾”[pʰæ^{13}piᴇ^{53}]。晋商重字号名声，视同生命。每于开张之前请文士为之斟酌店名，忌粗俗，忌与其他店名重复，还要体现经营特色，取义典雅，用字吉利。书写字号匾必求当时书法名流，以增加商号知名度，所谓“宁肯赔了白银，不能坏了字号名声”。

幌子 [xuə^{53}tsʌʔ^{13}]

招揽生意的招牌，悬挂在店铺门外或店铺前檐上，以招徕顾客，也是店铺的标志。一般店铺在牌匾之外又有幌子。平遥老城街上的幌子有各种类型，如长升源的幌子是一串酒葫芦形，也是其产品“长升源黄酒”的广告；厚泰新客栈的幌子则是一串元宝形，寓意招财进宝；有的则是老式的垂布。幌子虽有各种类型，但有一点相同，都写着所经营的商品或商事。

图5－62 客栈幌子（1）

图5－63 客栈幌子（2）

图5－64 客栈幌子（3）

开张 [k^{h}æ^{13}tʂɑŋ^{13}]

指新店铺设立后开始营业，也指商店在某一时间内做的第一笔交易。每天早上开始营业要卸下门板，故商店开门叫“摘门”[tʂʌʔ^{13}məŋ^{13}]；晚上停止营业关门下班则称“上门”[suə^{13}məŋ^{13}]。

门市 [məŋ^{31}sʅ^{35}]

商店直接零售货物的店面，或某些服务性行业的店面。商店房屋及沿街的部分叫“门面”[məŋ^{31}miᴇ^{35}]，主要指店铺外表。

图5－65 永隆号门面

图5－66 漆器店门面

图5－67 长升源门面

接出去 [tɕiʌʔ^{31}tsʰuʌʔ^{31}tiʌʔ^{35}]

即过户转让。指按照传统商业程序，把某号的债务或债权接转到第三方。

柜房子 [kuei^{35}xuə^{53}tsʌʔ^{31}]

即账房，旧时企业或私人家中管理银钱货物出入的地方。

栏柜 [laŋ^{31}kuei^{35}]

即柜台，指商店的售货台。“站栏柜”[tsaŋ^{35}laŋ^{31}kuei^{35}]即站柜台，指营业员在商品柜台内侧卖货的工作。

图5－68 账本

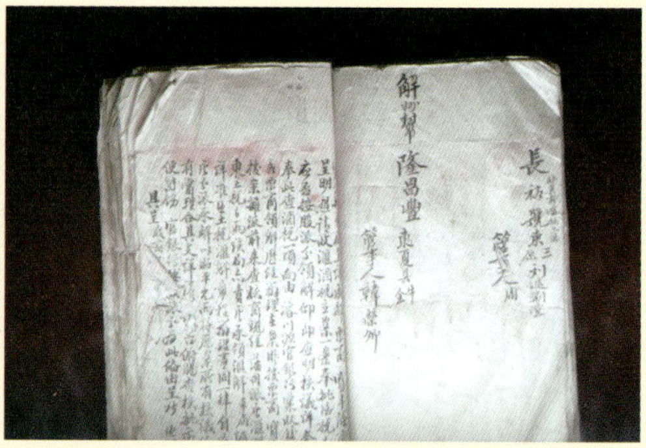

图5－69 账本内容

图5－70 站栏柜（蜡像）

打算盘 [ta^{53}suaŋ^{35}paŋ^{53}]

用算盘计算。

图5－71 算盘

东家 [tuŋ^{31}tɕia^{35}]

东家即指店东、股东，是商铺的出资人，东家也是旧时雇工、佃户、幕僚对雇主、田主、上司的称呼。

掌柜的 [tʂaŋ^{53}kuei^{35}tiʌʔ^{53}]

也称掌柜，是过去对商店经理的称呼。掌柜有两种：一种是“连东带掌”，资本小而又是独资，东家兼任掌柜；另一种是普通掌柜，俗称“水牌掌柜”，由东家任用来管理店务，东家认为不合适，可以在“账期”满后更换，任期内全权处理号内人权、财权及管理经营权，经营权和所有权脱钩。

铺铺 [p^{h}u^{35}p^{h}u^{53}]

较小的商店，门面小而经营品种少。

图5－72 街边铺铺

摊摊 [t^{h}aŋ^{31}t^{h}aŋ^{35}]

即“摆摊”，在街边或市场上陈列货物出售，亦称“摆摊摊”[pæ^{53}t^{h}aŋ^{31}t^{h}aŋ^{35}]。

当铺 [taŋ^{35}p^{h}u^{53}]

中国古代最早的金融借贷行业。收取动产和不动产作为抵押，向对方放债的机构。平遥城中保留了旧时的当铺。“估衣铺”[ku^{35}i^{53}p^{h}u^{31}]指卖旧衣服兼卖寿衣的商店。富裕的人家有不穿了的衣服，都送到专门收售旧衣物的店铺，由他们估价后再转手卖给生活贫困买不起新衣服的人从中得利。

图5－73 街边摊摊

图5－74 当铺

票行 [p^{h}iɔ^{35}xɑŋ^{53}]

旧时民间对票号和钱庄的泛称。

票号 [p^{h}iɔ^{35}xɔ^{53}]

清末专门经营存款、放款和异地汇兑业务的私人金融机构。山西商帮中的平遥人首创。

日升昌是中国第一家票号，票号业务创始人为大掌柜雷履泰（1770—1849）。他看到运送银两时常常有受托往老家捎银两的情况，于是萌发了异地汇兑的理念，于清道光三年（1823）成立了第一家从事异地汇兑业务的日升昌票号，故有人称其为中国现代银行的鼻祖。

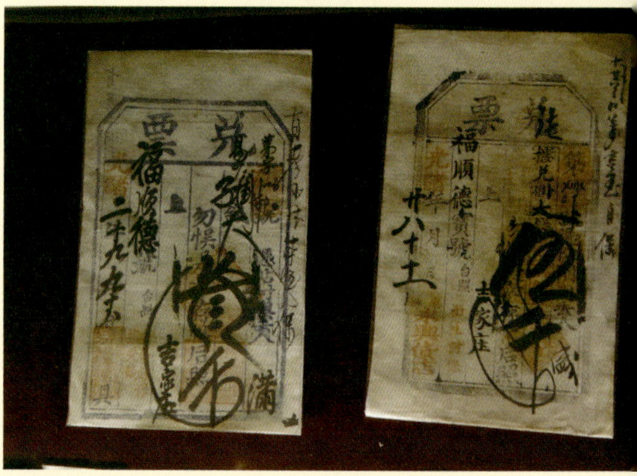

图5－75 兑票

图5－76 日升昌票号

图5－77 票号创始人雷履泰塑像

图5－78 防假密押

图5－79 金库

图5－80 镖局博物馆

镖局 [piɔ^{31}tɕ^{h}yʌʔ^{53}]

在票号诞生之前，镖局行业负责经营银两、珠宝等的押运。票号成立之后，镖局日渐衰亡，只负责押送银两。再发展到后来，起到送客保镖的作用。

图5－81 镖局博物馆内部

票票 [pʰiɔ^{35}pʰiɔ^{53}]

钞票，纸币。

现成钱儿 [ɕiᴇ^{35}tʂʰəŋ^{31}tɕiᴇ^{13}zʌʔ^{13}]

即铜钱，明清时称制钱。

镚子 [pəŋ^{53}tsʌʔ^{13}]

指硬币。

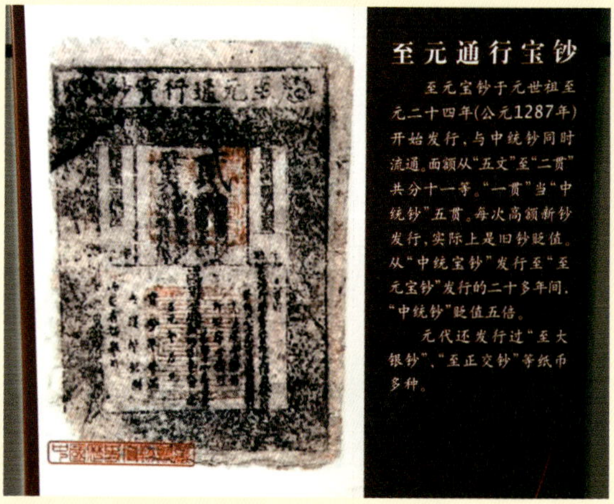

图5－82 至元通行宝钞

赶会 [kɑŋ^{53}xuæ^{35}]

平遥的“会”，有固定的地点和日期，一般一个地点一年只有一次。会上有商品贸易，多伴有文艺演出，这时人们会邀请亲朋来聚会、看戏、赶集。平遥城里的会有南门头会（二月初二）、北门头会（二月初九）、西街会（四月十五）、上西门会（五月十三），日期都是按阴历的。最有名的是平遥双林寺四月初八的会。

赶集 [kɑŋ^{53}tɕiʌʔ^{53}]

集市也叫市集，起于殷、周，是历史遗留下来的定期或临时集中买卖货物的固定贸易场所。举行集市的日子称“集日”，到市集进行交易称“赶集”。清代，平遥城内集市尤多。清人在题咏市楼时曾有“朝晨午夕街三市”（所谓三市：大市于日昃，百族为主；朝市于朝时，商贾为主；夕市于夕时，贩夫贩妇为主）的诗句，可见市楼街每日之繁华。平遥现在仍然赶集。赶集和赶会的不同在于，赶集不一定唱戏、会亲戚，但赶会却伴随着赶集，如平遥双林寺四月初八的会，又延伸出逢八赶集，即每个月的初八、十八、二十八都有赶集。

集市的经营内容紧密围绕农业生产所需，不同时令季节有不同的物品交易。

平遥各地有传统的固定的交易日期，到时人们不约而同地从四面八方赶来，故而称为赶集。

杀割 [sʌʔ^{31}kʌʔ^{35}]

把余下的商品全都低价处理了（用了、吃了……），相当于北京话中的“包圆儿”。例如：还丢下（剩下）二十斤葱儿，你杀割了哇。

图5－83 赶集

图5－84 集市

陆·婚育丧葬

图6－1 抬轿迎亲

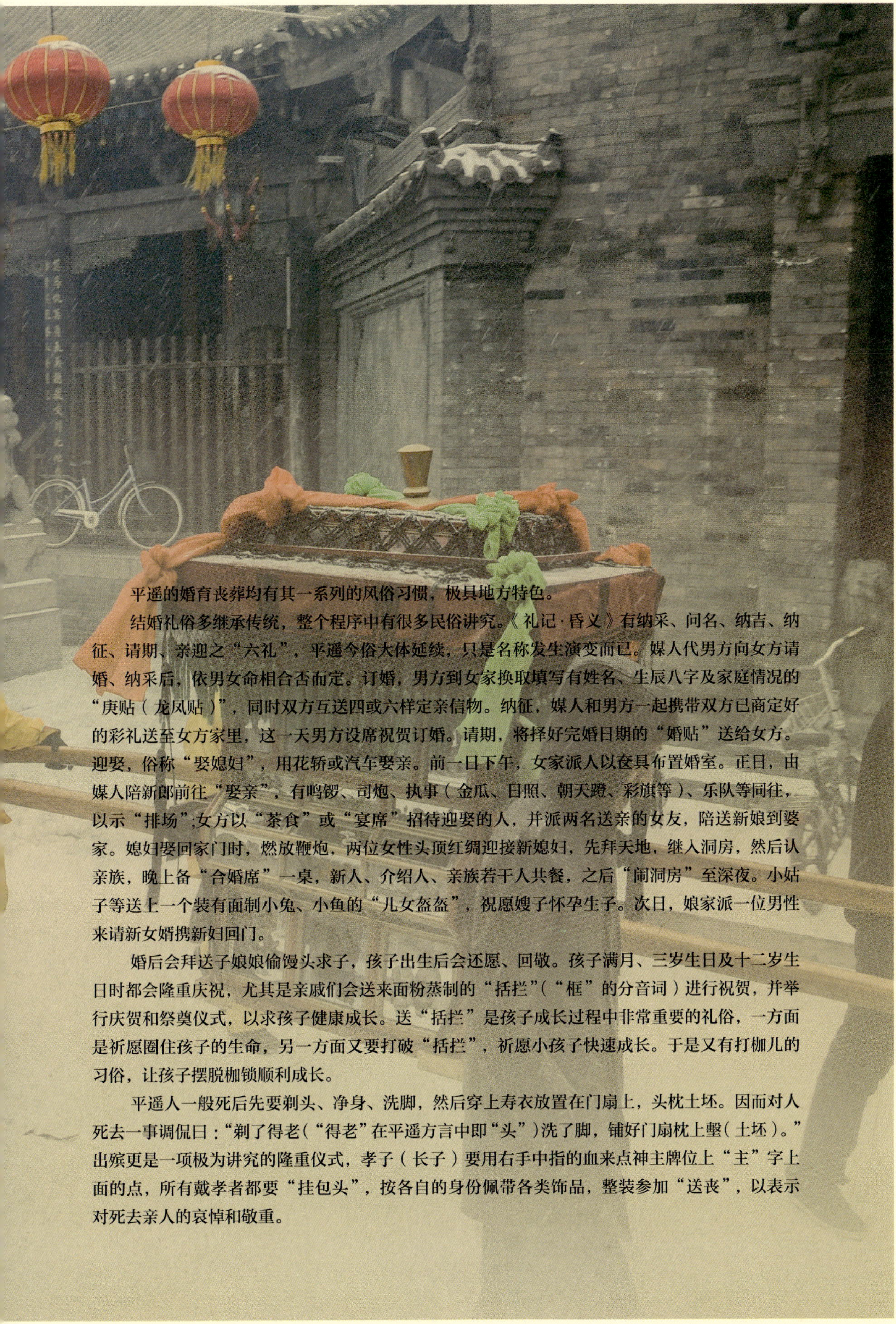

平遥的婚育丧葬均有其一系列的风俗习惯，极具地方特色。

结婚礼俗多继承传统，整个程序中有很多民俗讲究。《礼记·昏义》有纳采、问名、纳吉、纳征、请期、亲迎之“六礼”，平遥今俗大体延续，只是名称发生演变而已。媒人代男方向女方请婚、纳采后，依男女命相合否而定。订婚，男方到女家换取填写有姓名、生辰八字及家庭情况的“庚贴（龙凤贴）”，同时双方互送四或六样定亲信物。纳征，媒人和男方一起携带双方已商定好的彩礼送至女方家里，这一天男方设席祝贺订婚。请期，将择好完婚日期的“婚贴”送给女方。迎娶，俗称“娶媳妇”，用花轿或汽车娶亲。前一日下午，女家派人以衾具布置婚室。正日，由媒人陪新郎前往“娶亲”，有鸣锣、司炮、执事（金瓜、日照、朝天蹬、彩旗等）、乐队等同往，以示“排场”;女方以“茶食”或“宴席”招待迎娶的人，并派两名送亲的女友，陪送新娘到婆家。媳妇娶回家门时，燃放鞭炮，两位女性头顶红绸迎接新媳妇，先拜天地，继入洞房，然后认亲族，晚上备“合婚席”一桌，新人、介绍人、亲族若干人共餐，之后“闹洞房”至深夜。小姑子等送上一个装有面制小兔、小鱼的“儿女盔盔”，祝愿嫂子怀孕生子。次日，娘家派一位男性来请新女婿携新妇回门。

婚后会拜送子娘娘偷馒头求子，孩子出生后会还愿、回敬。孩子满月、三岁生日及十二岁生日时都会隆重庆祝，尤其是亲戚们会送来面粉蒸制的“括拦”（“框”的分音词）进行祝贺，并举行庆贺和祭奠仪式，以求孩子健康成长。送“括拦”是孩子成长过程中非常重要的礼俗，一方面是祈愿圈住孩子的生命，另一方面又要打破“括拦”，祈愿小孩子快速成长。于是又有打枷儿的习俗，让孩子摆脱枷锁顺利成长。

平遥人一般死后先要剃头、净身、洗脚，然后穿上寿衣放置在门扇上，头枕土坯。因而对人死去一事调侃曰：“剃了得老（“得老”在平遥方言中即“头”）洗了脚，铺好门扇枕上墼（土坯）。”出殡更是一项极为讲究的隆重仪式，孝子（长子）要用右手中指的血来点神主牌位上“主”字上面的点，所有戴孝者都要“挂包头”，按各自的身份佩带各类饰品，整装参加“送丧”，以表示对死去亲人的哀悼和敬重。

一　结婚礼俗

说亲事 [suʌʔ13tɕʰiŋ13sɿ35]

即提亲，亦称“管媒”[kuɑŋ53mæ13]。过去有人提亲时，一般先由父母去某个场合偷看一下对方的相貌，称作“相”[ɕyə13]，也说“相相”。亲事说成后，在婚礼期间由男女双方各蒸一个“媒人馍子”[mæ13zə̣ŋ13mei31tsʌʔ35]，又叫合婚馍馍，用细红绳拴在一起馈赠媒人，是酬谢媒人最基本的礼物，表示“非媒不成”。媒人馍子比一般的馒头个头要大，至少用一斤半面粉，馍馍里要裹上一块石头，表示实心实意，有情有义。馍上还要压上一个红双喜字。

图6－2 媒人馍馍

合八字 [xʌʔ53pʌʔ31tsɿ35]

看男女双方八字是否吻合。男女双方家长同意议婚，男方请媒人问女子名字、出生年月日时（农历）。也称问名或取庚帖。

凤冠霞帔 [xuŋ13kuɑŋ13ɕia35pʰæ53]

旧时女子出嫁时戴的礼帽、披挂的礼服。婚礼前一天由男方给女方送去。用分为四层的盒子（旧称“诰封”）盛放，四层分别装凤冠、霞帔、绣花鞋和玉带。

披红簪花 [$p^hi^{13}xu\eta^{13}tsa\eta^{53}xu\alpha^{13}$]

指旧时男子结婚时身上披红绸子，礼帽上插一对金花（仿金花），名为状元花。现今仍有此俗，但稍有简化。

食篮 [$ş\Lambda ʔ^{53}l\Lambda ʔ^{53}$]

装送食品的分层大盒子，男方给女方送结婚用品时使用。

嫁妆 [$tɕi\alpha^{35}tsuə^{53}$]

迎娶前一天，女方家要把嫁妆送往男方家，同时还附一份嫁妆的清单，上书各种礼品。在写礼品的数量时，特别讲究“成”“双”“对”“套”等，而忌言“一”“个”这样的词。有的题“小女于归陪送妆奁”。有的则开头写“尊府：敬备薄奁，择吉奉赠，承蒙不弃，惟望笑纳”等礼貌语，然后写礼品“长命镜成面”“叩碗成双”“女鞋垫肆双”“男鞋垫陆双”“见奶奶礼：保暖衣成套”“梳则（梳子）成件”“毛巾成块”等，均把“一”字换为“成”字，最后写“奉申，忝眷姻弟某某鞠躬，辛卯腊月廿日某某书”。

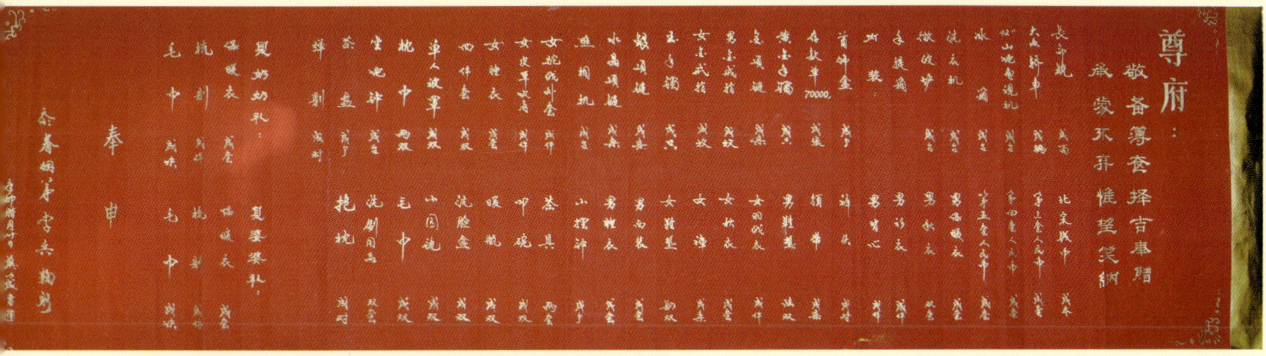

图6－3 嫁妆清单

图6－4 嫁妆——鸡毛掸子

嫁妆中脸盆、盆架、香皂盒等洗漱用具是不可缺少的，且除了盆架外均成双成对。鸡毛掸子也是新娘的陪嫁品，“成双”地插在盆架上两侧。掸子用于清扫房间，更是寓意新娘有“胆子”，不怕“牛角婆婆”。

图6－5 上头

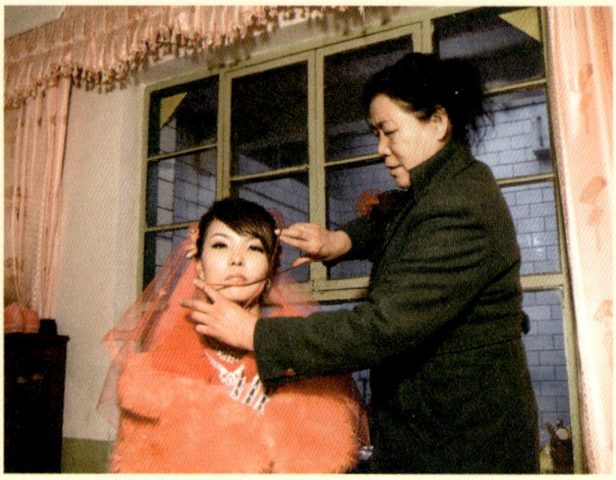

图6－6 绞脸

上头 [suə^{13}təu^{13}]/**绞脸** [tɕiɔ^{53}liᴇ^{53}]

头即头发，上头指少女出嫁时要变换发型，将头发盘成发髻。另外，出嫁前还有一道程序叫绞脸，也称开脸。即由父母儿女齐全的“四正人”妇女用细线将女子脸上的汗毛绞光，擦粉，再用剥去皮的熟鸡蛋在脸上滚一滚，使其皮肤变得白净光滑，以区别于之前的黄毛丫头。这也是平遥女子出嫁前的必要环节。现在虽然已经有了专门刮脸的美容用具，但是仍要有绞脸的仪式。

不落地水 [pʌʔ^{13}lɔ^{31}ti^{35}suei^{53}]

新娘出嫁当日用来洗脸、抿头的水。水从井里打出来，提回家的路上水桶不能落地，有的将装水的罐子放入网兜内悬挂在墙上备用。出嫁前洗脸时将脸盆放在床上洗。据说源于“嫁出去的姑娘，泼出去的水”，寓意祝愿婚后幸福，不要被休了再回娘家来。

图6－7 不落地水

图6－8 用不落地水洗脸

图6－9 岁岁角儿

岁岁角儿 [suei^{35}suei^{53}tɕyʌʔ^{53}ʐʌʔ^{35}]

即岁数饺子，新郎新娘要按年龄的数字吃，或比年龄数字多一些。当地一般在举行婚礼之日的早饭时食用，比平时略小，边缘是平展的，并且要把两个饺子捏在一起，取意成双成对。这顿饭为新郎新娘婚前的最后一次家宴，故男女双方各自在自己家里和家人一起吃。

打送灯 [tɑ^{53}suŋ^{35}təŋ^{53}]

姑娘出嫁时，一般是天黑时到婆家，要打灯笼送亲，所以灯笼也是娘家的陪送品。后来也有用手电筒来代替灯笼的。

图6－10 嫁女儿时陪嫁的灯笼

图6－11 嫁女儿时陪嫁的手电筒

缲被子 [iŋ^{53}pi^{35}tsʌʔ^{53}]

迎亲前，男方请“四正人”（原配夫妻、有儿有女）女性头戴红纱，在院子里的席子上给新人缲被子，要缝上枣儿、笔架（谐音百嘉）、五个铜钱（即代表五子，意喻“五子闹席”，席与学同音）等以取吉利，上面放置并蒂的辣椒、成对的带根须的葱，意喻成双成对，喜结连理，表达美好祝愿。

图6－12 缲被子用的工具

图6－13 缲被子

图6－14 缲好的被子

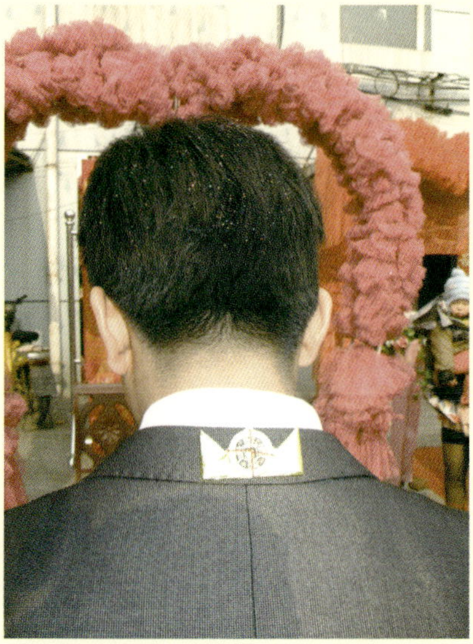

图6－15 新郎领子后的“笔架”

别笔架 [piʌʔ^{13}piʌʔ^{53}tɕia^{35}]

笔架谐音“百嘉”。在新郎衣领后别上一个纸叠的笔架和铜钱，祝愿新人出人头地、升官发财。

踩八卦 [ts^{h}æ^{53}pʌʔ^{31}kua^{35}]

被子缝好后，新郎在司仪的指导下，从被子的左侧踩入，走一个 8 字形，最后立于屏前，谓之踩八卦，寓意防止桃花女捣乱，据说此俗源自周公与桃花女的故事。现今也有称“踩𡈼（旺）字”的，取其吉利之意。

图6－16 新郎踩八卦

图6－17 铡秆草

图6－18 装儿女枕头

图6－19 儿女枕头

装儿女枕头 [tsuə^{13}ər^{35}nzʮ^{53}tʂəŋ^{35}təu^{53}]

迎亲前，男方家请未婚男子二人在院子里用铡刀将带根的谷秆草铡成小段，请未婚女子二人将其装入长条形红花枕头内，缝好口。这时有的还在儿女枕头上放上馒头和并根葱。这些均作为新婚吉祥物，祝愿新人早生儿女。

绕院门 [zɔ̨^{13}yᴇ^{13}məŋ^{13}]

迎亲起身时，新郎坐的轿子要顺街道绕自宅一周。现在有的已经简化为将轿子或者新婚的婚车向前一步向后一步，重复三次，以此取代绕院门。

坐富 [tɕyᴇ^{13}xu^{55}]

女儿出嫁走后，母亲坐在女儿出发前坐过的被子上（女儿出嫁前是坐在卧室内铺着红色被褥的床上），抱着女儿脱下的衣服，端一盘油糕。司仪问："坐什的咧？"答："坐富的咧。"问："抱什的咧？"答："抱宝的咧。"问："吃什的呢？"答："吃福咧！"现今最后一个问题另有一种说法，问："吃什的呢？"答："糕（高）！"寓意步步高升。

图6－20 女方母亲坐富

儿子娶亲出发后，母亲也进行同样的仪式，不同之处是坐在院子里刚缱的新被子上，或者坐在儿子的新房的床上，将新被子四周卷上来，包袱里是儿子刚脱下的旧衣服等。过去平遥民俗讲究这项程序由母亲来进行，只有母亲去世了才由父亲来进行。但现今有的家庭父亲也在儿子娶亲出发时的床上进行此程序，其后母亲再在院子里刚缱过的被子上进行。

图6－21 男方母亲在院子里坐富

图6－22 男方母亲在新房床上坐富

迎亲 [iŋ^{13}tɕʰiŋ^{13}]

迎亲也叫“娶媳妇子”[tsʰʌʔ^{13}ɕiʌʔ^{13}xu^{31}tsʌʔ^{35}]，女方称婚礼为“嫁闺女”[tɕia^{35}tɕy^{31}nzɥ^{53}]。

平遥迎亲的方式有坐轿子和坐汽车两种。轿子有四抬、八抬之分，俗称“八抬大轿娶进门”。举行婚礼时一般要有鼓乐队，因其主要乐器为鼓、镲、唢呐等，故称演奏鼓乐为“响打”[ɕiaŋ^{53}ta^{53}]、“敲打”[tɕʰiɔ^{31}ta^{53}]。鼓乐队从早上就开始不时地演奏，营造婚事喜庆的气氛。乡邻会来观赏并“道喜”[tɔ^{35}ɕi^{53}]。鼓乐队会伴随新郎到女家迎亲，演奏固定的鼓点或乐曲。

迎亲回来到达新郎家门口时，由“四正人”女性出来迎接，新郎要背着新娘回家，同时还会被要求做各种难为情的动作和表演。

图6－23 坐轿子迎亲

图6－24 新郎背新娘

图6－25 喜棚正面旧式插屏

图6－26 喜棚正面新式插屏

喜棚 [ɕi^{53}p^{h}əŋ^{13}]

为新娘娶回来后拜天地用而临时搭建的棚，正面要摆放“插屏”[ts^{h}ɑ^{13} p^{h}iŋ^{13}]。屏上的画旧时均为福禄寿三星图案，现在多为喜庆图案并有喜庆对联，桌子上要放天地爷神位、香炉、蜡台、香筒、酒具等五样供器，点蜡燃香，还要放上由各种吉祥的图案构成的面制的“囍”。

面制囍字 [miᴇ^{35}tsɿ^{35}ɕi^{53}tsɿ^{35}]

儿女结婚时用发面制作双喜馍馍，涂上红色，以表喜庆。一般放置在结婚喜棚的桌子上当供品。平遥婚礼的囍字图案之多，使用之普遍，形成了一个亮丽的景致。面制囍字由各种各样的吉祥动物或吉祥物件的造型所构成，如蟾蟾吹笙笙（寓意催生）、如意、翻身儿、莲花、龙凤、卐字、佛手、鱼儿、蛇盘兔等，各取二三种组合起来。

图6－27 面制囍字——龙凤

图6－28 面制囍字——如意佛手

图6－29 面制囍字——蟾蟾吹笙笙

娶客 [tɕ^{h}y^{53}tɕ^{h}iʌʔ^{13}]/送客 [suŋ^{35}tɕ^{h}iʌʔ^{53}]

迎亲时陪伴新郎的人叫“娶客”，陪伴新娘的人叫“送客”。旧时要有一位懂礼仪、有威望的人代表男方陪着新郎去娶亲。女方的送客也同样要选一位懂礼仪、有威望的人代表女方陪着新娘到男方家去。现在有的沿用此习俗，也有的由新郎或新娘的弟弟陪同。

待茶 [tæ^{13}ts^{h}ɑ^{13}]/看茶 [k^{h}ɑŋ^{35}ts^{h}ɑ^{13}]

婚礼之日新娘家对来迎亲的新郎要用茶水招待。此时，对新郎来说要进行“看茶”的仪式。这一仪式非常讲究：首先，由司礼人引导女家的主婚人，把给客人盛放茶水的三台碗揭开盖，并用茶碗盖将茶水划一下。此时新郎应起立，双手将三台碗捧起，定睛看一下，看毕放下并鞠躬致谢。此时的茶水新郎切不可真喝，否则就会违背规矩，被视为不懂礼仪。

熬汤 [ŋɔ^{13}t^{h}uə^{13}]

新婚第二天回门之日新娘家给新郎吃饭时上的一道汤，汤里有六个饺子、少量面条，寓意“钱串套元宝，一年更比一年好”。

六仪 [liəu^{35}i^{13}]

指小镜、铜锁、红糖水、龙凤饼、鸡蛋、铜钱六种东西。新郎出发前由舅舅手捧装“六仪”的盘，引导新郎照一下镜子，表示新郎要有自知，从今以后就成人了；开锁后，把钥匙装入衣袋，表示从今日起，已成家立户；喝一口糖水、咬一下龙凤饼和鸡蛋，表示祝贺新郎喜结良缘，日后甜甜蜜蜜、龙凤呈祥；再抓一下铜钱，预视今后日进斗金、财源旺盛。最后新郎在轿前或车旁向四面欢送的亲友邻里鞠躬，然后上轿或上车。

图6－30 娶媳妇六仪

图6－31 新郎开锁

嫁闺女时也同样要有六仪，程式和男方大同小异。但姑娘上轿时要扔一个插入铜钱的馒头，下轿时再扔一个。过去扔掉的馒头都有人抢着捡起来吃掉，分享吉祥。

图6－32 嫁闺女六仪

出淘公婆 [tsʰuʌʔ^{31}tʰɔ^{31}kuŋ^{13}pei^{13}]

即戏弄公婆，亦称“作弄公婆”[tsuʌʔ^{31}luŋ^{35}kuŋ^{13}pei^{13}]。婚礼之日公公婆婆被亲友化妆成很可笑的样子，一般脸上涂抹彩色。公公胸前挂酒瓶子、大葱等，婆婆胸前挂蔬菜、醋瓶子等。有的还要让公公背媳妇，要笑热闹。

出淘新媳妇子 [tsʰuʌʔ^{31}tʰɔ^{31}ɕiŋ^{31}ɕiʌʔ^{53}xu^{53}tsʌʔ^{31}]

即戏弄新媳妇子，也说“作弄新媳妇子”。戏弄新媳妇子有多种方式。一种是让磕眼眼头，即用手比画一个眼眼，让新娘往上磕头，此时又迅速闪开手，多次使对方扑空，使其磕不上；也有给新娘脖子上挂锁，比如用红线串苹果、红薯、花生等；有的还给新郎新娘共戴一个锁，以此嬉戏新郎新娘，并祝愿他们二人同心。

图6－33 给新媳妇子戴苹果穿线锁

图6－34 红薯花生锁

出淘女婿子 [tsʰuʌʔ^{31}tʰɔ^{31}nzɥ^{53}sei^{31}tsʌʔ^{35}]

亦称“作弄女婿子”。第一次请女婿吃饭时，女方家的亲友要戏弄新女婿。如有的给脖子上戴锁，即用红线串上大葱黄瓜，有的串上纸制造型等。还有的让磕眼眼头，以此戏弄新女婿。右图为戴锁和磕眼眼头的场面。

图6－35 出淘女婿子

归宁 [kuei^{13}ȵiŋ^{13}]

即回门。结婚次日要由女方的父亲或者哥哥去男方家里唤闺女、请女婿。一般姑娘和爸爸先一步出发，然后媒人和女婿再一起出发到女家。

大唤 [tei^{35}xuɑŋ^{53}]/小唤 [ɕiɔ^{53}xuɑŋ^{35}]

旧俗出嫁后过几天要回娘家住一段，有四来六走（第四天回娘家，第六天返回婆家。在娘家过第五天）、十来十去（嫁后第十天回娘家，在娘家住十天后再返回婆家）。因为平遥讲究第五天不吃婆家饭，故“四来六走”，第五天就一定在娘家过了，那是被娘家人正式唤走的，故称为大唤；“十来十去”的话，第五天要由近处的亲戚把女儿唤去呆一天，晚上归婆家，故称之为小唤。

弓箭柳斗 [kuŋ^{31}tɕiᴇ^{35}liəu^{53}təu^{53}]

“柳斗”是放桃弓柳箭的容器。旧俗新郎迎亲归来要在喜棚前向四面弯弓做一射箭动作，寓意驱邪、保平安。

苫脸脸 [ʂɑŋ^{35}liᴇ^{53}liᴇ^{13}]

盖头脸的红绸子。入洞房后由新郎为新娘揭起。

厮见 [sʌʔ^{31}tɕiᴇ^{35}]

即新郎娶回新娘后第一次向亲友行见面礼。这时亲友们都要给新娘礼钱，叫“拜礼”[pæ^{35}li^{53}]。

图6－36 厮见

合婚席 [xʌʔ^{53}xuŋ^{31}ɕiʌʔ^{53}]

结婚当日晚餐的庆贺宴席叫合婚席。一对新人和媒人在与新郎同辈的女亲眷们陪同下入“合婚筵”。新娘坐首席，新郎次之，媒人坐首陪席，其余三席为平辈女眷。

图6－37 妨忌单单

妨忌单单 [xuə^{13}tɕi^{35}taŋ^{53}taŋ^{31}]

贴于洞房门上的一张单子，上面写有忌某某属相的人进洞房。

儿女盔盔 [ər^{35}nzʮ^{53}kʰuæ^{31}kʰuæ^{35}]

结婚时男方家为新娘准备的尿盆，入洞房时由新郎的妹妹拿进来，口中诵念“姑姑送盔盔，儿女成对对”，或者“姑姑提盆盆，儿女一群群”。盔盔里面放着鱼鱼、兔兔、如意、锁锁、笙笙等期盼生子的面制小动物和吉祥物。图 6–38 为盔盔的盖子和里面的小动物、吉祥物。

图6－38 盔盔的盖子和里面的小动物、吉祥物

儿女拌介$^{=}$汤 [ər^{35}nzʮ^{53}paŋ^{35}tɕiᴇ^{53}tʰuə^{13}]

晚席后新人回洞房喝拌介$^{=}$汤，司仪念吉祥词：“荤厨房面厨房，清汤利水做了一碗拌介$^{=}$汤。葱花花油点点，胡椒面面姜片片。东搅西搅儿女多少？南搅北搅儿女不少。”喝完后，开始闹洞房。

图6－39 儿女拌介$^{=}$汤

新房床被 [ɕiŋ^{13}xuə^{13}tsʰuə^{13}pei^{35}]

一般结婚时都由家中父母给备四套缎子面的被褥，摆放在新房的床上，华丽而喜庆。旧时两个长条形枕头用针线缝接在一起，中间加缝两个馍馍和葱。现今虽多不用

图6－40 新房床被（1）

图6－41 新房床被（2）

条形枕头了，但有的新房还是按照旧俗在两个新式枕头间放两个馍馍和并根的葱，庆贺喜结良缘并希望早生子女。

姊妹婆妇 [tsʅ^{53}mæ^{35}pei^{13}xu^{13}]

前妻的儿子和续弦的妻子带来的女儿结为夫妻。

换亲 [xuɑŋ^{35}tɕ^{h}iŋ^{53}]

一家的女儿嫁给对方的儿子，对方的女儿嫁给这家的儿子，结为亲家。

二　生育礼俗

怀上孩儿了 [xuæ^{31}xɔ^{35}xei^{13}ʐʌʔ^{13}liɑ^{53}]

指有了身孕，亦称“双身了”[ʦ^{h}uə^{31}ʂəŋ^{35}liɑ^{53}]。孕妇也称“怀孩儿的”[xuæ^{13}xei^{13}ʐʌʔ^{13}tiʌʔ^{13}]；妊娠反应叫“发孩儿”[xuʌʔ^{13}xei^{13}ʐʌʔ^{13}]或“妊人病”[ʐəŋ^{13}ʐəŋ^{13}pi^{35}]。

临月将来了 [liŋ^{13}yʌʔ^{53}ʨyə^{31}læ^{35}liɑ^{53}]

临近预产期了。感到产前的预兆叫“觉察了”[ʨyʌʔ^{31}ʦ^{h}ʌ^{13}liɑ^{53}]、“觉索了”[ʨyʌʔ^{31}suʌʔ^{53}liɑ^{53}]，也说“觉了”[ʨyʌʔ^{35}liɑ^{53}]。

养下了 [yə^{53}xɑ^{31}liɑ^{53}]

母亲生下小孩了。

衣 [i^{13}]

胎盘，也叫“衣胞”[i^{31}pɔ^{35}]。

背母生 [pæ^{35}mu^{53}səŋ^{31}]

婴儿出生时脸着地。脐带绕在脖子上的婴儿则叫“脐绞婴”[ʦei^{35}ʨiɔ^{53}iŋ^{13}]。婴儿出生脚先出母体叫“立生”[liʌʔ^{53}səŋ^{13}]。横胎叫“横凳住了”[ɕyᴇ^{31}təŋ^{35}ʦɥ^{35}liɑ^{53}]。双腿屈着出生的称为“双圈子下来了”[ʦ^{h}uə^{35}ʨ^{h}yᴇ^{31}ʦʌʔ^{35}xɑ^{35}læ^{53}liɑ^{53}]。

双生生 [ʦ^{h}uə^{35}ʂʅᴇ^{53}ʂʅᴇ^{31}]

双胞胎。

暮生生 [mu^{35}ʂʅᴇ^{53}ʂʅᴇ^{31}]

遗腹子。

头手手儿的 [təu^{35}ʂəu^{53}ʂəu^{31}ʐʌʔ^{35}tiʌʔ^{53}]

也称“头胎”[təu^{13}tʰæ^{13}]，即第一胎。

老生子 [lɔ^{53}səŋ^{31}tsɿ^{53}]

老年时生下的孩子。

坐月子 [tɕyᴇ^{35}yʌʔ^{53}tsʌʔ^{13}]

产妇封闭在家一个月。

不见面括拦 [pʌʔ^{31}tɕiᴇ^{31}miᴇ^{35}kʰuʌʔ^{13}laŋ^{13}]

括拦是白面发酵蒸制而成的圆圈状的面食品。意在框住小孩子的生命，祈求平安。婴儿出生第三天由外婆家给送去，故叫“不见面括拦”。图 6–42 是用于女孩子的括拦，周围是莲花、佛手、锁构成的图案，中间是石榴。

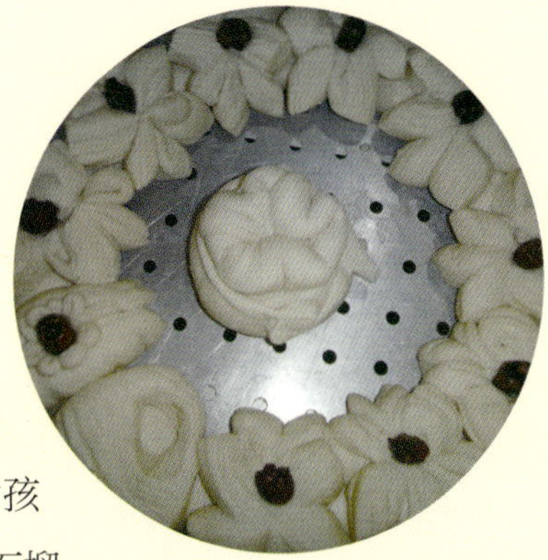

图6－42 女孩子用的括拦

贴张弓爷 [tiʌʔ^{13}tsaŋ^{31}kuŋ^{31}iᴇ^{31}]

张弓爷民间也叫张公爷、张公。平遥人生育孩子后，有在家中墙上贴张公画像的习俗，意在祈求保佑孩子平安。民俗讲究贴像时弓箭要射向门外一方。画像四周有祈愿文字，一般横批“张公在此”，右联“弹打云中犬”，左联“保我子孙安”。有的还用针线在上面“扎眼眼”[tsʌʔ^{53}ȵiaŋ^{53}ȵiaŋ^{53}]，以求灵验。

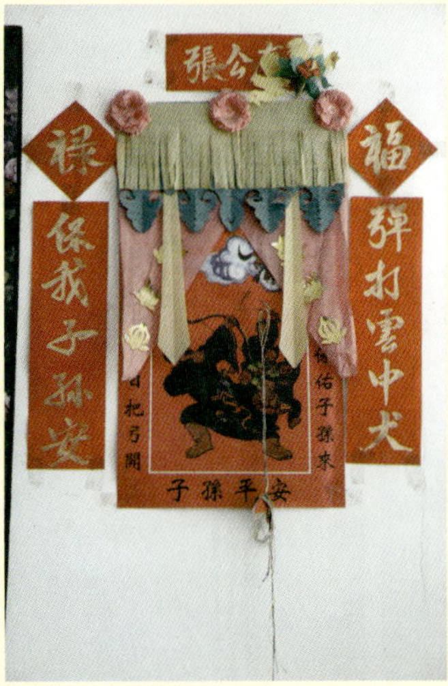

图6－43 贴张弓爷

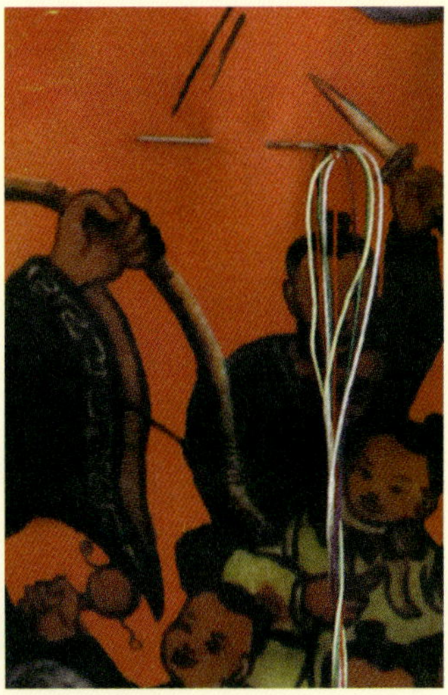

图6－44 扎眼眼

图6－45 做满月时给孩子的银锁

图6－46 做满月时给孩子的“长命富贵”银锁

图6－47 做满月时给孩子的金锁

做满月 [tsuʌʔ^{35}mɑŋ^{53}yʌʔ^{13}]

即庆满月。平遥做满月一般是在婴儿半个月时进行，以姥姥家为主宾。亲戚们送来括拦（见图 6–50），姥姥家最大。还要赠孩子银饰，姥姥和奶奶最多，主要有手镯、足镯、手链、足链、银锁、银钱（上刻“长命富贵”“麒麟送子”等）、小银桶、倒吊驴（用于孩子夜里哭泣时挂）等。还要祭奠“送子娘娘”，以谢赐子恩德。对亲戚要有回赠。

移窝儿 [i^{13}uei^{31}z̨ʌʔ^{35}]

满月后抱着孩子到娘家住几天。一是可以让姥姥家的亲戚朋友看看孩子，二是可以通过改换环境来使产妇及婴儿得到各方面调养，使婴儿得到适应新环境的锻炼。

生日 [ʂʅᴇ^{31}z̨ʌʔ^{53}]

小孩子一般要过周岁、三周岁和十二周岁生日。平遥比较重视孩子过三岁生日，亲戚要送来括拦，小孩子也要有戴括拦的仪式。同时也要制作三角形枷儿，让孩子举行打枷儿仪式，然后烧掉。生日时也有给男孩子和女孩子分别蒸制垫脖和括拦的。垫脖本是套在牲口脖子上的，在拉车时起到衬垫作用。蒸制垫脖祝愿男孩子长得结实有劲。也有的人家会在生日时设香案，烧香，供奉各种面制品及瓜果等。

图6－48 垫脖和括拦

图6－49 生日时用的供品

图6－50 括拦

图6－51 小孩子三岁生日戴括拦仪式

图6－52 小孩子三岁生日打枷儿仪式

括拦 [kʰuʌʔ^{13}laŋ^{13}]

是当地孩子出生后做满月、过三周岁、完十三（十二周岁）时亲戚朋友要送的重要贺礼。装饰图案男女有别。民俗曰“九石榴一佛手，守住他妈永不走”“九朵莲花一支藕，长大能活九十九”。不管男女，括拦中心均蒸一石榴，取“留”音与多子之意。

完十三 [uaŋ^{35}ʂʌʔ^{53}saŋ^{13}]

平遥庆祝孩子十三岁（虚岁）生日，视为人生成长的一个里程碑，要举行贺礼。和做满月、过三岁生日相似，亲戚送来括拦，享祀者仍是“送子娘娘”。这天要举行打枷儿和顶戴括拦的仪式，祝福孩子寿至九十九。大人一边将括拦在小孩子头上上上下下颠着，一边念叨九、十九、二十九……九十九，还要说祝愿词“不管括拦大小，括拦住我孩就好，括拦破了孩儿大了”（平遥方言“破”和“大”押韵）。

图6－53 完十三顶括拦仪式

图6－54 完十三打枷儿仪式

图6－55 仪式结束后在盆中烧掉枷儿

打枷儿 [tɑ^{53}tɕiɑ^{31}ʐʌʔ^{53}]

完十三仪式中的一项。“枷儿”[tɕiɑ^{31}ʐʌʔ^{35}]是用缠绕花边彩纸条的高粱秆制作的六角形架（由两个三角形组成），可戴在孩子脖子上，举行完祭奠磕头等仪式后，在醮盆中烧掉，以此纪念十三岁生日。祭奠仪式中祭拜的对象是“送子娘娘”。这天小孩子脖子上还要戴上用红绳拴着的亲戚送的铜钱、纸币（代替锁儿），有庆贺和辟邪之义。

锁儿 [ɕyE^{53}ʐʌʔ^{13}]

小孩子过生日时在脖子上系的一种用细红绳拴一些制钱的装饰。现在也将亲戚给的礼金缠在上面，以图吉利。

图6－56 锁儿

引魂 [iəŋ^{53}xuŋ^{13}]

也叫招魂。一般多因小孩（也有成人）受到惊吓哭闹或生病，疑为丢了魂，在夜深人静时打着灯笼，在受惊吓的地方叫魂。一人在前面，叫着孩子的名字，一人在后面答应着“哎，回来了”，一直叫到自己家门口为止。有时孩子受到轻微惊吓，就倒一盆清水，让孩子看水中自己的倒影，说这样可以稳住小孩的魂魄。

图6－57 倒挂驴驴

倒挂驴驴 [tɔ^{35}kuɑ^{53}luei^{13}luei^{13}]

民间旧时多用“倒挂驴驴”[tɔ^{35}kuɑ^{53}luei^{13}luei^{13}]治婴儿“夜哭”[iE^{35}k^{h}uʌʔ^{53}]。方法是在婴儿床头倒挂一个金属或硬纸做的小驴状的东西，取义于把夜哭的习惯改变过来。还有一种方法

图6－58 祝寿图案

是在一张纸上写“天苍苍，地茫茫，我家有个夜哭郎，太阳一照化为吉兆”，下面画上一个倒驴，将其贴在床头。

祝寿 [tʂʮ^{35}ʂəu^{13}]

老年人从虚岁六十岁开始过寿，尤其看重六十六、七十三、八十四大寿以及七十、八十、九十等整寿。过寿时，亲朋好友要赠献面制寿桃、寿幛、寿联等，以祝长寿。午时，要在堂屋摆寿礼、烧佛香、点寿灯，“寿星”高坐，晚辈依次拜寿。有配偶的要夫妻一起端坐。

寿桃 [ʂəu^{35}tɔ^{13}]

分蒸制、烤制两种。蒸制寿桃是将白面发酵，做成桃状，内包红枣、红糖，蒸熟后在桃尖处点上食品红。烤制寿桃是在面粉中加油并用水和好，做成桃形，上面加一些吉祥花纹，放置在烙子上翻动烤熟，点上食品红。寿桃是祝寿人最起码的礼品。送寿桃讲究送双（两个）不送单，意思是包括其配偶也应享有一个，已无配偶的则只送一个。

三　丧葬礼俗

病沉 [piŋ^{35}tʂʰəŋ^{13}]

即病笃、病危。一旦发现病沉，就要设法避开不吉利的日子，如忌讳在二十四节气去世，认为节气之日不吉利，“主破散”等。

坎日 [kʰɑŋ^{53}ʐʌʔ^{53}]

又称“坎节节”[kʌʔ^{53}tɕiʌʔ^{53}tɕiʌʔ^{31}]。本地俗语“六十六怕圪溜，七十三、八十四，阎王不请自家去”，到了这几个岁数，是老年人的坎日，即这个年龄容易生病、亡故。若过去了又可以顺利度过若干年，直到下一个坎日。

殁了 [mɑ^{35}liɑ^{53}]

即去世了，老少亡故均可说殁了。老年亡故，即高龄无疾而终，称“老煞了”[lɔ^{53}sʌʔ^{35}liɑ^{53}]；二十岁以前亡故，称“少亡了”[ʂɔ^{35}uə^{53}liɑ^{53}]；小孩亡故，称“丢了”[tiəu^{31}liɑ^{53}]。虽说有“死了”[sɿ^{53}liɑ^{13}]的说法，但不够婉转，一般不用。

老时衣 [lɔ^{53}sɿ^{13}i^{13}]

即寿衣。民俗讲究忌穿毛皮和皮鞋等动物皮制作的寿衣，义在祈求轮回转生后，下辈子不做牲畜。

小殓 [ɕiɔ^{53}liᴇ^{35}]

也叫“衣殓”[i^{13}liᴇ^{35}]、“装裹”[tsuə^{31}kuei^{53}]，即给死者穿衣服。平遥讲究要在病人咽气前穿。因为咽气后再穿等于让病人赤身到阴曹地府，为大不孝。倘若换寿衣后又苏醒了，那是好事，说明起到了“冲喜”的作用。

入殓 [zuʌʔ^{53}liᴇ^{35}]

把遗体安放于棺材 [kuɑŋ^{31}tsæ^{13}] 内。盖上棺材叫作“成棺”[tʂ̩ʰəŋ^{13}kuɑŋ^{13}]。棺材多为前厚后薄，前宽后窄。一般有六尺六和七尺三两种尺寸。民俗有“够不够，六尺六”“天下棺，七尺三”的说法。棺材和棺材板有时也称为“木头”[mʌʔ^{53}təu^{13}]。

寿木 [ʂ̩əu^{35}mʌʔ^{53}]

做棺材的木头，多为柏木和松木。“寿板”[ʂ̩əu^{35}pɑŋ^{53}] 是准备做棺材的木板。“套”[tʰɔ^{35}]指外棺，即椁，多用沙木做成。俗言：“柏木棺材，沙木套。”

孝布子 [xɔ^{35}pu^{53}tsʌʔ^{53}]

孝子头上包的三角形白布，亦称“包得老布子”[pɔ^{13}tʌʔ^{35}lɔ^{53}pu^{35} tsʌʔ^{31}]。正式丧礼前戴。

送孝 [suŋ^{13}xɔ^{35}]

即报丧。由孝子戴上孝布子穿上简单的孝衣亲自去亲戚家磕头告知，并送去已经为其备好的、举行丧礼时该亲戚须穿戴或佩带的服饰等。

讣闻 [xu^{35}uŋ^{53}]

丧家张贴出来的公众性的报丧告示。送讣闻也称“撒报丧”[sʌʔ^{31}pɔ^{35}sɑŋ^{53}]。讣闻过去称为“归窆”，又称“引状”。下图为光绪五年（1879）的一张“归窆”和民国八年（1919）的一张“引状”，均为固定的格式。先言“不孝男罪孽深重不自殒灭祸延显考”，然后说死者的身份和去世时间，再说何时何地出殡，列出五服丧主名字等。此种报丧风俗大概限于有封赏的家族，现已经演变为粘贴讣告的形式。

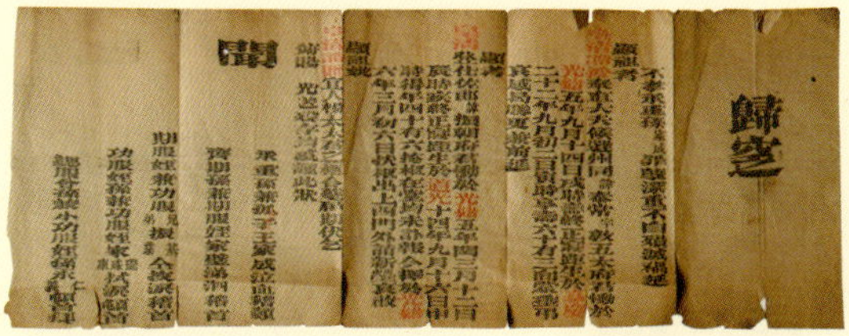

图6－59 归窆

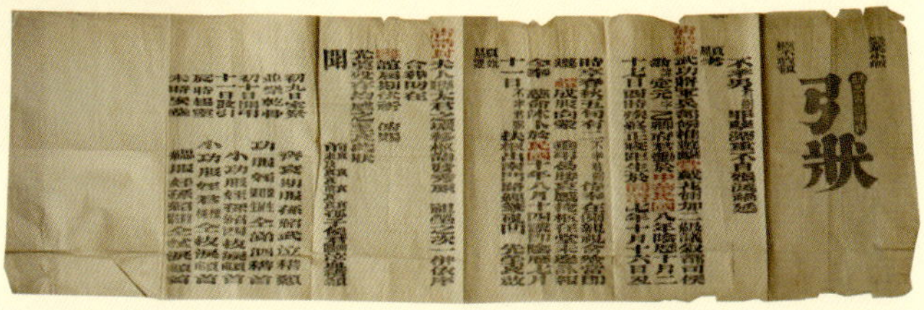

图6－60 引状

戴孝 [tæ^{31}xɔ^{35}]

指死者的亲属等人穿戴孝服参加葬礼的一系列程式。平遥戴孝的方式主要是穿戴白色衣帽鞋等，孝子要披麻戴孝。丧礼时穿的白色丧服，叫“孝衣”[xɔ^{35}i^{53}]。“替孝”[t^{h}i^{31}xɔ^{35}]，指脱掉孝服。

拉孝 [lɑ^{31}xɔ^{35}]

把孝布分成几块分别来做衣、裤、帽等。“头脑孝”[təu^{13}nau^{53}xɔ^{35}]，即包头和鞔鞋用的粗白布，也称“头脚”[təu^{13}tɕyʌʔ^{13}]。

图6－61 孝帽

孝帽 [xɔ^{35}mɔ^{53}]

老人去世后孝子戴的帽子，有口袋底型和褶皱型两种。妇女则戴另一种“孝产产”[xɔ^{35}ts^{h}ɑŋ^{53}ts^{h}ɑŋ^{53}]。重孝的孝子所戴的孝帽还有一种叫“麻冠儿”[mɑ^{13}kuɑŋ^{13}zʌʔ^{31}]，用粗麻绳编制，套在孝帽之上。

图6－62 麻冠儿

鞔鞋 [mɑŋ^{53}xæ^{13}]

戴孝的人鞋上蒙白布。父母一方死去，孝子的鞋不全蒙，在鞋后跟处留一块。父母均去世，便全蒙上。旁系孝子又比直系孝子所蒙的白布要短些，孙子辈则更短，有的只蒙鞋的前面一小部分。人们可根据鞋上所蒙白布的长短大体判断出此人与死者的关系。下图鞔鞋为父母一方去世时所穿。

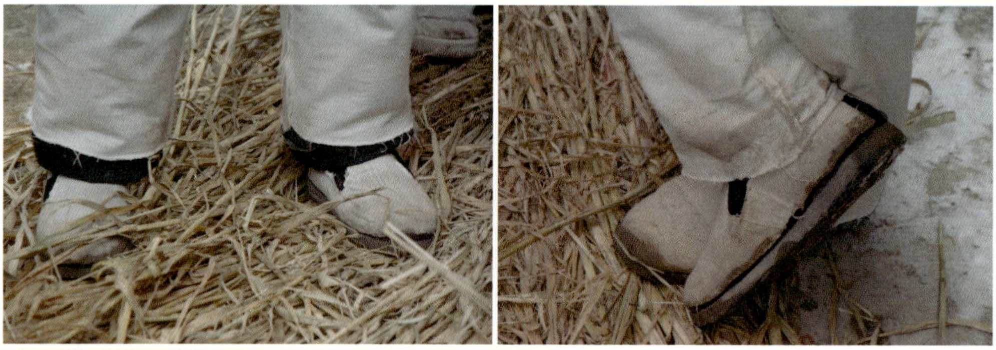

图6－63 鞔鞋

图6－64 灵棚

灵棚 [liŋ^{13}pʰəŋ^{13}]

为举行葬礼而临时搭建的棚子。把棺材停放到灵棚叫“停灵”[tʰiŋ^{13}liŋ^{13}]。

敲打 [tɕʰɔ^{31}tɑ^{53}]

也称“响打”[ɕiɑŋ^{51}tɑ^{53}]，指演奏鼓乐。办丧事时鼓乐队的演奏是不可缺少的。鼓乐队俗称“敲打的”[tɕʰɔ^{13}tɑ^{53}tiʌʔ^{31}]。

长明灯 [tsuə^{31}mi^{35}təŋ^{53}]

灵棚里的一盏灯，昼夜不熄，直到出殡才能灭。

吼明道 [xəu^{53}mi^{31}tɔ^{35}]

吼即哭。从死者去世到出殡前，孝子每日黎明时分都要到灵棚中放声哭丧，叫“吼明道”。哭的人多、声音高、时间长，表示这个家族人丁兴旺。

开吊 [kʰæ^{31}tiɔ^{13}]

即吊孝开始。送殡之日上午亲戚朋友陆续来吊孝，男女孝子分别跪于灵前两侧陪吊。这时在灵前左右有男女两位“看客”[kʰɑŋ^{35}tɕʰiʌʔ^{31}]负责接待吊孝者，这两位“看客”实为“司礼”者。

图6－65 服侍侍——金童玉女

服侍侍 [xuʌʔ^{53}sɿ^{35}sɿ^{53}]

指用纸扎成的土地爷的侍者童男童女，取义于在前面领路，顺利入土，又称“金童玉女”[tɕiŋ^{13}tuŋ^{13}y^{35}nzʮ^{53}]。纸扎祭品的总称为“纸活”[tsɿ^{53}xuʌʔ^{53}]。

锞儿 [kʰuei^{35}zʌʔ^{53}]

用金银锡箔叠成元宝样子的祭品，祭祀神和鬼所用的锞儿叠法不同，因而有“神锞儿”[ʂəŋ^{31}kʰuei^{35}zʌʔ^{53}]和“鬼锞儿”[kuei^{53}kʰuei^{31}zʌʔ^{35}]两种。祭祀后土时一定要用神锞儿，而丧事和墓祭用鬼锞儿。

图6－66 神锞儿

图6－67 鬼锞儿

烧纸 [ʂɔ^{35}tsɿ^{53}]

又叫行魂。一般为死后第三天二更（晚九点左右）举行的送魂仪式。孝子及亲属每人手持一炷香火，顺着出殡时要走的路线，哭着前行，每遇十字路口则烧一些锞儿和“大洋票儿”[tei^{35}iɑŋ^{31}pʰiɔ^{35}zʌʔ^{53}]，直至越过居民区方才作罢。死后第三天或第五天烧的纸称为“行魂纸”[ɕiŋ^{13}xuŋ^{35}tsɿ^{53}]。烧纸一般用黄纸钱、大洋票儿等。

图6－68 大洋票儿

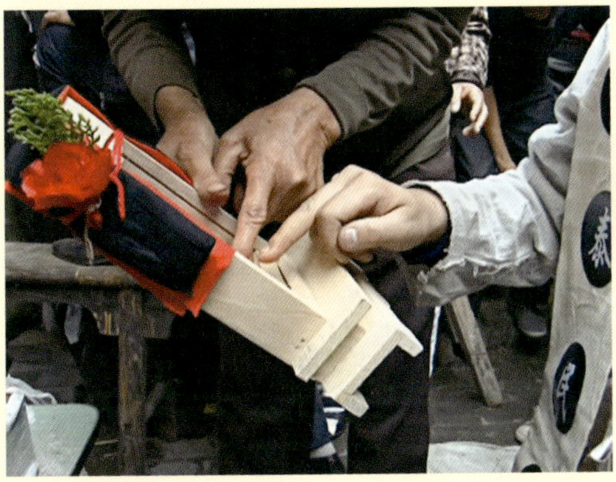

图6－69 点神主（1）

图6－70 点神主（2）

点神主 [tiᴇ^{53}ʂəŋ^{35}tsɥ^{53}]

平遥民俗，人去世后要制作一个记有死者生卒年月日等的木质牌位，最下面的两个字都是“神主”。神主牌位上的“主”字，写时有意空缺上面的一点，出殡当日，要由孝子用朱砂或右手中指的血补上这一点，再双手捧起放进专用的轿子中，做好出丧准备。神主牌位也称“灵位”[liŋ^{13}uei^{13}]，一般装入盒子内，称“神主盒子”[ʂəŋ^{35}tsɥ^{53}xʌʔ^{53}tsʌʔ^{31}]。神主盒子要随灵柩一起抬往坟上，举行祭奠仪式。

家祭 [tɕia^{31}tsei^{13}]

出殡之日中午，是死者在家中和家人一起共用的最后一顿饭，称作家祭。平遥家祭的饭菜带有仪式性，装饰较多，规模很大，荤素干鲜俱全，多达六十多种。

图6－71 祭菜

图6－72 祭菜——八八一领四

喂饭钵子 [y^{35}xuɑŋ^{35}pʌʔ^{53}tsʌʔ^{31}]

以金银纸包成的小陶瓷钵，内放死者临终前遗留的饭食，再在祭祀的饭菜中择优填充，以大鱼大肉为主，装满并填实，再在钵子上盖一花糕，中间插一双包有金银箔的筷子。喂饭钵子一般是在家祭时由死者的儿子、女儿、媳妇来填充。填充完成后他们才可以开始吃饭。喂饭钵子也要随着灵柩、牌位等送到坟上，随死者埋入坟墓。

图6－73 喂饭钵子

五七花 [uʌʔ^{53}tɕʰiʌʔ^{13}xuɑ^{13}]

灵前摆放的纸活之一，一般为两盆，出殡时作为装饰品置于神主牌位两侧，随轿子送到坟地。死者下葬后，再随神主牌位一起带回来，放在灵堂。因要到“五七”时才带到坟上烧掉，故名“五七花”。

图6－74 五七花

人主 [ẓəŋ^{13}tsʮ^{53}]

治丧期间，若死者为男性，则死者舅舅家来的人是人主，丈人家来的人是“偏人主”[pʰiᴇ^{31}ẓəŋ^{13}tsʮ^{53}]；若死者为女性，则她娘家来的人是人主，如她舅舅家的人来出面，叫“老人主”[lɔ^{53}ẓəŋ^{13}tsʮ^{53}]。丧葬过程中若出现欠妥或失礼处，人主有资格责难丧家。最后的送葬起程，也要征得人主同意方可进行。人主并不参与丧事，但却是最高的监督者，所以丧家处处须谨慎从事，并敬问周到。

人主醮纸 [ẓəŋ^{13}tsʮ^{53}tɕiɔ^{35}tsʅ^{53}]

出殡之日出发前的最后一项程序，由人主在灵前再行烧香、磕头、烧纸。如果人主对丧事各方面满意，就答应进行此项程序，这就表示可以起程了。如果人主有不满之处，则拒绝进行，灵柩就不可起程，丧家要真诚沟通，进行改善，直至人主满意方可“醮纸”起程。

烧起灵纸 [ʂɔ^{13}tɕʰi^{53}liŋ^{35}tsʅ^{53}]

即出丧日清晨由孝子在灵柩的首尾两头烧纸并哭泣，意在告知亡灵即日出殡。烧毕，在灵柩两头象征性地做一下抬起的动作，同时口中念“起！”，祈求家运昌兴。这整套仪式叫作烧起灵纸。

图6－75 岁纸

岁纸 [ɕy^{13}tsɿ^{53}]

死者下葬的这一天挂在院墙的最高处的纸条制品，形似灯笼。其上白纸条的数目要比死者的年龄多出若干条。出殡时随着灵柩一起带到坟上烧掉。

朱砂口袋袋 [tsʮ^{13}sɑ^{13}k^{h}əu^{53}tæ^{35}tæ^{53}]

孝衣腰间的麻绳上拴着的装有朱砂的小口袋，参加葬礼的孝子、女儿、儿媳、孙子等腰里都要挂，用以辟邪。不同的辈分，朱砂口袋袋的颜色也不同，孝子的为白色，孙子辈的为蓝色。除了朱砂口袋袋外，麻绳上的装饰品还可以有葫芦、卐字、动物造型等。

图6－76 朱砂口袋袋（1）

图6－77 朱砂口袋袋（2）

揣花花 [tsʰuæ^{13}xuɑ^{13}xuɑ^{13}]

图6－78 花馍上的花瓣儿

花馍上的花瓣儿，是专为丧礼而准备的。举行丧事时孝子和所有参加丧礼的人都要将花花揣在怀里或者放在口袋里，送完死者后要扔掉，其含义在于“送死者不能空着手”。

挂包头 [kuɑ^{35}pɔ^{13}təu^{13}]

在灵柩出发前，直系孝子、孝孙整装的一个环节。他们因悲哀和劳累而面容憔悴，需要整装，以参加接下来的送葬仪式。挂包头要由亲家等丧事的女性贵宾来做，孝子跪下，手捧小镜子接受打扮。这时鼓乐队要吹奏比较轻松的曲调，让孝子们调整情绪。包头是指头上或肩上披挂下来的布制装饰品。包头上要披戴一些挂件，最讲究的是“披金”[pʰi^{53}tɕiŋ^{31}]，有金色、银色等，上面装饰有缝制的“果子花”[kʰuei^{53}tsɿ^{53}xuɑ^{13}]、带籽的柏叶等，寓意百子百孙、后代子孙兴旺。

有的包头套在孝帽上，颜色据其身份而不同。孝子一定用白色，孙子辈用粉色、浅蓝色，曾孙则为黄色。如果有孙子或者曾孙因年龄过小无法出门，往往把挂包头的用品

图6－79 披金

图6－80 孙女的包头

图6－81 曾孙挂包头用品

如孝帽、小镜子、怀揣的面食花花、哭棍等都放在一个托盘里，由女婿端着参加送葬仪式。

女婿参加葬礼时腰上要缠一种布条腰带，不同的辈分所用的布颜色也不同。女儿的丈夫裹白色腰带，孙女的丈夫则裹浅蓝色腰带。这个腰带由丧家报丧时送去。

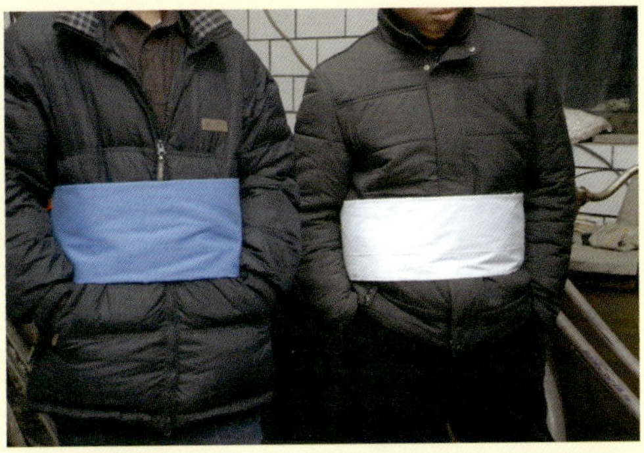

图6－82 腰带

出丧 [tsʰuʌʔ^{31}saŋ^{35}]

即出殡，亦称“送丧”[suŋ^{13}saŋ^{13}]。这是丧事的最高潮，做好各种准备，挂好包头后，以非常隆重的形式送灵柩往坟墓下葬。一般送葬时，孝子承重男要披麻戴孝，持“哭棍”[kʰuʌʔ^{13}kuŋ^{35}]走在棺材前面。有时孝孙在前，如下图为两个孝孙提着纸幡，肩上斜披着包头。包头的颜色很重要，孝子是白色，孝孙不能用白色。但如果是承重孙（即代替父亲的），也要用白色。另外，送丧队列从灵棚出发，行进到离开居民区的野外后，设一个停灵处，短暂停放，举行“辞灵”[tsʰʅ^{31}li^{13}]仪式，送丧的大部分亲戚均就此止步。

图6－83 孝孙提着幡儿送丧

图6－84 哭棍

幡罩 [xuɑŋ^{31}tsɔ^{35}]

出殡时租用的“棺罩儿”[kuɑŋ^{31}tsɔ^{35}ʐʌʔ^{53}]。“幡儿”[xuɑŋ^{31}ʐʌʔ^{35}]即引魂招魂用的幅。棺罩儿为黑底刺绣布料，上绣各种花纹和图案，祈求死者阴间冥福，也将棺材装点得隆重肃穆，表达对死者的敬意。按理古代是不允许民间以龙凤为图案的，图 6–85、6–86 为现代新制作的棺罩儿。

图6－85 幡罩（1）

图6－86 幡罩（2）

图6－87 东游驾村三十二抬出丧

三十二抬 [sɑŋ^{31}ʂʌʔ^{53}ər^{13}t^{h}æ^{31}]

平遥出丧时抬灵柩有三十二抬和十六抬等不同档次，抬棺木的人数可用三十二人、二十四人或十六人等，以显示丧礼的隆重程度与丧家的实力。先将棺材绑在一根称作“独龙杠”[tuʌʔ^{53}luŋ^{31}kɑŋ^{35}]的碗口粗的长木杠上，再在木杠的前面和后面横着绑两根木杠，在两根木杠上分别搭上十六根抬杠。三十二抬即由三十二人抬着棺材去坟茔下葬。

扫材底 [sɔ^{31}tsæ^{13}ti^{53}]

将灵柩抬走后，要由一名寡妇清扫棺材下面的垃圾，象征性地将一些垃圾扫到簸箕里。扫材底的笤帚也要放在簸箕里，并且在上面系上白布，白布上包一块饼子或馒头。等到牌位抬回家后，要将垃圾扔掉，最后把簸箕翻过来丢弃，寓意“送得干干净净”。

图6－88 扫材底

移魂 [i^{13}xuŋ^{33}]

出丧之日，死者下葬后，由孝子捧着神主盒子乘坐轿子抬回家中，与死者遗照一起安放好，并摆设供品，点蜡燃香，磕头祭拜，称之为“移回魂来了”。神主盒子上有红与黑两种颜色的布，去往坟上时黑色的布盖在上面，红色布在下面；下葬后返回时，就要将红色布盖在上面，黑色布在下面。因为下葬后回来，死者就成为“神”了。回到院子里安放神主举行祭奠时，吹奏的音乐也改为欢快的曲调。

图6－89 抬神主盒子的轿子

荡捞饭盆盆 [taŋ^{35}lao^{35}xuaŋ^{35}pəŋ^{13}pəŋ^{13}]

女孝子们送丧返回家门口时举行的一个跨越盆盆的仪式。女孝子们返回后不可直接进院子，而要手拉手在院门口放着的“捞饭盆盆”周围左转三圈，右转三圈，再分别迈过去后才可以进院子。

埋 [pæ^{13}]

即“下葬”[xa^{31}tsaŋ^{35}]。把棺材放进事先挖好的洞穴，用土掩埋。若妻子先亡故，则在非正式的临时的洞穴里掩埋，叫“寄埋”[tɕi^{35}pæ^{53}]，等丈夫也去世后，再一起埋到正式的墓穴里。坟地也叫“茔地”[y^{31}ti^{35}]，或称“茔盘”[y^{13}paŋ^{13}]。

合葬 [kʌʔ^{53}tɕyə^{35}]

亦称“合穴”[kʌʔ^{53}ɕyʌʔ^{53}]，夫妻葬在一起。给未婚青年男女合葬称作“冥婚合葬”[mi^{13}xuŋ^{13}kʌʔ^{53}tɕyə^{35}]。

拾干骨 [ʂʌʔ^{53}kaŋ^{31}kuʌʔ^{53}]

“干骨”[kaŋ^{31}kuʌʔ^{13}]是指死后多年的骨殖。旧俗，妻先亡故，不能入穴，暂埋地边，待丈夫亡故以后，挖出亡妻的尸骨入穴与亡夫合葬。儿子和女儿挖出尸骨，把干骨拾入“骨殖盒子”[kuʌʔ^{31}ʂʌʔ^{53}xʌʔ^{53}tsʌʔ^{13}]，叫作拾干骨。拾干骨必须依照人体骨骼位置顺序拾起，儿子从头部开始拾，女儿从脚部开始，用白布擦净污土，照原样放在小棺材之中。

墓子 [mu^{35}tsʌʔ^{53}]

即坟墓。挖墓称为“打墓子”[tɑ^{53}mu^{35}tsʌʔ^{53}]。通往墓里面的斜坡叫“墓引道”[mu^{35}iŋ^{53}tɔ^{31}]；放棺材的洞穴的门称“墓门”[mu^{35}məŋ^{53}]。埋好后要“丢墓子”[tiəu^{31}mu^{35}tsʌʔ^{53}]，即用土攒起一个坟堆儿。平遥称坟堆儿叫“墓圪锥”[mu^{35}kʌʔ^{53}tsuei^{31}]。

圆墓 [yᴇ^{31}mu^{35}]

整修坟墓使之成为圆形。第一天埋了后，第二天太阳未出前，到坟上整修坟墓使之成为圆形。

石碑 [ʂʌʔ^{53}pei^{13}]

一般在坟堆儿前要树立石头制作的碑。过去五品以上的官职可用石碑，即“螭首龟趺”。六品以下至士、庶人用“圆首方趺”。老百姓的坟前只立一个方形的石桌，平面上可摆放祭品，立面上刻有死者的名讳及生卒年月日。石桌也称记墓石。

后土碑楼子 [xəu^{35}tʰu^{53}pei^{31}ləu^{13}tsʌʔ^{13}]

即坟地里设置的有仿屋顶状的顶盖的石碑，过去到处可见，每家坟地均有。现在一般坟上就只有一块碣石。后土是管生育繁殖的神，称作后土神，一般在坟墓的右后方。祭祀时要先祭祀后土神，然后才祭亲人。

五七 [uʌʔ^{53}tɕʰiʌʔ^{13}]

人死后的第五个七天，称为“五七”；第七个七天称“尽七”。民俗有“头七馍馍二七糕，三七肉火烧（“肉火烧”是方言，即馅儿饼），四七擀面，五七角儿，六七塔儿，七七饼子”的说法，分别在逢这七个七祭奠时使用这些东西。五七、百日均要去坟地祭祀，五七时必须烧纸糊的“升子”，百日时烧“斗”。升和斗可以从纸活儿店里买，没有底子，祭祀时才由自家人糊上。

图6－90 百纸斗

图6-91 祭祀纸活——库楼

图6-92 新节上坟

百日 [piʌʔ^{31}ʐʌʔ^{53}]

人死后一百天，为百纸祭。俗语曰："长尽七，短百纸。"即尽七的祭祀不在第四十九天进行，而要往后拖，有几个儿女就往后拖延几天；而百纸祭也不在百日时进行，要提前，有几个子女就提前几天。

新节 [ɕiŋ^{31}tɕiʌʔ^{13}]

人死后的第一个清明节。如在冬至前去世，次年清明即是新节；若冬至后去世，便为再下一年的清明。另外，夫妻一方老丧，还有一方在时，清明的前一天上坟；若是父母还在，白发人送黑发人，则在清明前两天祭祀，谓小鬼日。

周年 [tʂəu^{31}ȵiᴇ^{35}]

人死后一周年，也叫头周年（小祥），一般要上坟举行祭祀活动。多在坟前给亲人烧一些纸质的祭祀品，如绸缎滚，其形象是一卷卷摞起来的五颜六色的绸缎。二周年（大祥）、三周年（除服）、九周年的忌日也要进行类似的祭奠。

图6-93 绸缎滚

柒·岁时节令

图7－1 元宵节抬阁

平遥一年中最重要的节日要数过大年了。农历正月初一黎明合家吃饺子，有的饺子中包入一枚硬币，吃到的人一年都有福气。孩子们穿新衣给老人拜年。年初一早上旧俗忌往地上滴水，有谁滴水在地上谁生疮之说。初二、初三到亲友家拜年送“枣花花”。正月初五，据说五路财神聚会，因怕挡了财路，故这天不出门走亲访友，又俗称“破五”，要清除积下的脏土。正月初八要祭星。正月十五灯节，当晚四乡高跷、秧歌、旱船等表演队分多路进城，沿途表演，各处挂出千姿百态的彩灯，至今犹是如此。五月端午吃粽子，蒸软米糕，喝雄黄酒，并以雄黄酒点洒小孩儿的前额或人中，妇女或小孩佩戴五色线及香包。旧历七月十五烧纸祭奠已故亲人。八月十五吃月饼，入夜以月饼、水果祭月亮，自制月饼有大有小，最大的有面盆大，称之为“大团圆”。十月初一，送寒衣。腊月初八吃腊八粥。除夕贴对子、挂宝纸、贴窗花、贴年画，夜里包饺子，给小辈发压岁钱。

一　春节

年除下 [ȵiᴇ^{13}tsɥ^{31}xɑ^{35}]

即除夕，又称“年三十儿”[ȵiᴇ^{13}sɑŋ^{31}ʂ̩ʌʔ^{53}ʐ̩ʌʔ^{53}]、“大年下”[tei^{35}ȵiᴇ^{31}xɑ^{35}]。这天要在中午十二点前挂宝纸、贴对子、贴福字、贴窗花等来营造过大年的气氛，并在水缸、粮仓、厕所、工具、农具等上面贴上写着吉祥语的红纸条。这时居室院落已经扫除干净，而猪圈、羊圈、马厩等也要清理一新，并贴上写着吉祥语的红纸条。此夜要接神并上供品，还要包饺子、守岁、发压岁钱。年三十儿这天中午要吃长面条和水饺，取意“钱串套元宝，一年更比一年好”。

挂宝纸 [kuɑ^{35}pɔ^{53}tsʅ^{53}]

宝纸用四张彩色麻纸制成，每张写一字，构成四字格吉庆语，如“财运亨通”“春色满园”等。悬挂顺序是黄、红、绿、桂（赭）。据说此俗源于北宋，四色代表封建礼制中的尊卑贵贱次序。黄色为帝王专用色，民间仅此处可用，必居其首；五品以上官员才可衣红色，故居第二；绿色为一般儒生常用衣色，故居第三；桂色为农商工匠着衣之色，故居其末。黄、红、绿、桂代表四个阶层“普天同庆”。在各家大门前，宝纸与对子 [tuæ^{35}tsʌʔ^{53}]”（即春联 [tsʰuŋ^{13}liᴇ^{13}]）、红灯笼、福字等交相辉映，装点出喜庆的氛围。

图7－2 门头宝纸“财运亨通”

图7－3 屋檐宝纸“满院生辉”

图7－4 宝纸“招财进宝”

图7－5 贴窗花“福”字

图7－6 贴对子

隔年饭 [tɕiʌʔ^{13}ȵiᴇ^{13}xuɑŋ^{35}]

指年三十做午饭时留下少许生面条，待年后再吃，表示连年幸福，年年有余。

接神 [tɕiʌʔ^{13}ʂ̩əŋ^{13}]

除夕，一家之长要虔诚沐浴，迎接众神，陈列祖考遗影或木主，鸣放鞭炮，以示开祀，然后摆放丰盛的供品，包括各种花馍馍、菜肴、鲜果和干果等，以备春节祭拜。

图7－7 接神祭菜

供五供五菜 [kuŋ^{35}uʌʔ^{53}kuŋ^{35}uʌʔ^{53}tsʰæ^{35}]

祭拜诸神的供品。五供，即五个类似人头状的馒头，馒头上披一朵用细条面制成的花，叫“供儿”[kuŋ^{35}ʐʌʔ^{53}]。当地有两种解释，一种认为其形如人头，上面的细丝是头发，这可能是古代以人头为祭之风俗的遗存，用这些人头状馒头代替实物，通常在神祭时作为供品；另一种认为取意于平遥方言中表示高兴、得意的“□”[kuŋ^{35}]一词，因为供儿也用于结婚时男女双方互换的东西。五菜，即五种菜：豆腐、粉条（染红色）、土豆、蘑菇、黄花菜。出锅后放入五个小碗。祭菜还必须有小米“捞饭”[lɔ^{31}xuɑŋ^{35}]，盛满一碗后上面点缀四个红枣、一个核桃，以告慰神灵，感谢诸神。下图祭祀对象为文财神（比干）、观音菩萨等。

图7－8 供奉五供五菜

图7－9 供儿

旺火火 [uə³⁵xuei⁵³xuei³¹]

即用煤炭垒砌的旺火，零点过后点燃，传说可以用其烟雾把鸟驱赶走，以防鸟粪落在人们头上。一说以喻“财”，燃旺火以济财运并辟邪。平遥过去家家燃旺火，现在依然可以见到用煤炭垒砌的旺火火，同时也可以见到少量的用蜂窝煤点的旺火，有的家庭用摆放炭块或蜂窝煤的方式象征旺火，并放“灯围围”，燃香烛，摆上面制品、干果等供品。

灯围围 [təŋ¹³uei¹³uei¹³]是把点上蜡烛的烛台用水红纸包裹，除夕夜摆放在外窗台上，在红纸的映衬下，里里外外灯火通明，通宵不灭，营造出喜庆的节日气氛。有的灯围围上还有用红纸剪出的“卐”字，表达人们希望来年万事如意的美好愿望。

图7－10 旺火火（1）

图7－11 旺火火（2）

图7－12 蜂窝煤堆成的旺火

图7－13 寓意元宝的炭块

图7－14 灯围围

熬大年 [ŋɔ^{13}tei^{35}ȵiᴇ^{13}]

家中成年人通夜不眠，谓之“熬大年”。除夕，一家之长要给家庭里每一位成员发“岁岁钱”[suei^{35}suei^{35}tɕiᴇ^{13}]。

正月初一 [tʂəŋ^{31}yʌʔ^{53}tsʰɥ^{13}iʌʔ^{13}]

也叫“大年初一”[tɑ^{13}ȵiᴇ^{13}tsʰɥ^{13}iʌʔ^{13}]。为了准备过年，人们从腊月二十三这天就开始忙碌了。家家户户要大扫除，置办年货，缝制或购买新衣服，除旧迎新。这天，要在天快亮的时候点旺火，放鞭炮，在天亮前吃饺子。这天家家一定要“拜神子”[pæ^{13}ʂəŋ^{13}tsʌʔ^{13}]，即给家神和祖先拜年（小孩子只拜祖先），然后小辈给父母拜年。吃过早饭后，再出门给本族和近亲长辈问好拜年。正月初一及之后的几天内，见长辈时要问“过年好”，见平辈要互道“过年好”“见面发财”等。

图7－15 拜祖先——烧纸锞儿

图7－16 拜祖先

图7－17 春节饺子

图7－18 上供饺子

包饺子 [pɔ^{31}tɕiɔ^{53}tsʌʔ^{13}]

饺子是当地春节时必食的饭肴。为图吉利，人们会把饺子包成相公帽状、元宝状或麦穗状，而且要包几个放入硬币的饺子，谁要是有幸吃到，谁就在新的一年里有财运。煮好的第一锅饺子要先盛出一盘供奉先祖。

图7－19 枣花花——翻身身、如意、枣山山

图7－20 枣花花——翻身身、石榴

图7－21 年年有鱼

吃枣花花 [tʂʰʌʔ^{53}tsɔ^{53}xuɑ^{31}xuɑ^{35}]

枣花花是平遥过节时必不可缺的蒸制面食，也是腊月里为过年而蒸制的面食品的总称。因上面镶嵌红枣，故称“枣花花”，也叫作“花子”[xuɑ^{31}tsʌʔ^{31}]。种类很多，有“翻身身”[xuɑŋ^{31}ʂʅᴇ^{35}ʂʅᴇ^{53}]、“卐字”[uə^{35}tsʅ^{13}]、“桃儿”[tɔ^{31}ʐʌʔ^{53}]、“石榴榴”[ʂʌʔ^{53}liəu^{31}liəu^{53}]和“佛手”[xuʌʔ^{53}ʂəu^{53}]等。

正月初二 [tʂəŋ^{31}yʌʔ^{53}tsʰɥ^{31}ər^{35}]

旧俗，正月初二年轻夫妇去女方娘家拜年，未婚少男少女到姥姥、舅舅家拜年。初三、初四，邻里亲戚互拜。

正月初五 [tʂəŋ^{31}yʌʔ^{53}tsʰɥ^{31}u^{53}]

俗称“破五”。当地民俗把赵公元帅（赵公明）及其四个部将招宝天尊、纳珍天尊、招财使者、利市仙官共称“五路财神”。相传正月初五为五路财神相聚之日，他们在路上行走，会给各家带来财运，因而正月初五忌出门，以免阻挡财路。这天人们还要吃饺子。

正月初八 [tʂəŋ^{31}yʌʔ^{53}tsʰɥ^{13}pʌʔ^{13}]

此日为祭星节。为了来年能够趋吉避凶，人们在正月初八这天入夜时，设供桌于院内，将二十八盏“糕灯灯”[kɔ^{31}təŋ^{35}təŋ^{53}]（现今用蜡烛替代）呈卐字形摆开并点燃，还要供上面制如意、面茶等。百姓当日晚餐食用面茶[miᴇ^{35}tsʰɑ^{13}]，面茶是用炒过的面粉加上水和粉条、豆腐、花生等煮制而成的。

图7－22 面茶

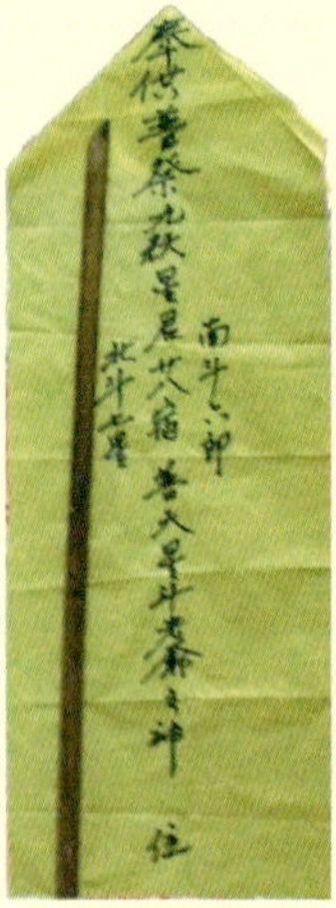
图7－23 祭星牌位

图7－24 祭星供品

图7－25 祭星仪式

正月初十 [tʂəŋ^{31}yʌʔ^{53}tsʰɥ^{35}ʂʌʔ^{53}]

俗称“十不动”[ʂʌʔ^{31}bʌʔ^{31}tuŋ^{35}]，该日被视为老鼠娶亲日。为祈求老鼠来年嘴下留情，家家户户要吃馅儿饼或饺子以示同庆，并放两三个饺子或馒头于瓮旮旯（水缸旁的夹缝）里作为贺礼。有的地方中午要吃揪片，晚上要吃饼子，取意“盖老鼠洞”。当地民谚曰：“蛄儿（老鼠）嫁女蛄儿娶，蛄儿舅舅当王八（吹鼓手）。”

图7－26 老鼠娶亲剪纸

正月十三 [tʂəŋ^{31}yʌʔ^{53}ʂʌʔ^{35}sɑŋ^{13}]

此日百姓要喂寒鸦，俗称“寒鸦糊嘴”，即以少量米面象征性地抛撒于自家屋顶上，以祈求鸦雀来年少糟蹋庄稼。

添仓 [tʰiᴇ^{31}tɕʰyə^{35}]

正月二十为“小添仓”[ɕiɔ^{53}tʰiᴇ^{31}tɕʰyə^{35}]，正月二十五为“老添仓”[lɔ^{53}tʰiᴇ^{31}tɕʰyə^{35}]。“添仓日”要烧烤一种面食供拜仓神，等待“神来添仓”，以求五谷丰登，粮食满仓。面食祭品有“布袋袋”、“元宝宝”、铜钱几种形状，内包糖馅或红豆红枣馅。供奉者要口中念“仓官来，添仓来。粮食元宝添到咱家来。黑小子，赶车来，粮食元宝赶到咱家来”。

图7－27 布袋袋

添仓日要在入夜后设供于水瓮上，点灯烧香，祭祀仓官，以求仓官保佑来年粮食丰收，谷物满仓。设供的神是“仓官爷”。仓官爷这一神像最大的特点在于：它不是一个想象出来的神的模样，而是收获庄稼时的劳动场景。此日讲究水缸要满，炭仓要满。再者，此日人们都不愿意花钱，小孩子也不花压岁钱。晚上要把家里的柜门、箱门都揭开，意在等待添仓，祈祷丰收、富裕。此外，已出嫁的女儿在“老添仓”这天必须回娘家过，有俗话说“娘家过个老添仓，一辈子不用受恓惶”。

图7－28 元宝宝（1）

图7－29 元宝宝（2）

图7－30 奉供五谷仓官老爷之神位

图7－31 在水瓮上供奉仓官老爷

二　元宵节

正月十五 [tʂəŋ^{31}yʌʔ^{53}ʂʌʔ^{35}u^{53}]

即元宵节 [yᴇ^{13}ɕiɔ^{13}tɕiʌʔ^{13}]，又称上元日、灯节 [təŋ^{31}tɕiʌʔ^{35}]。俗传此日为“天官”生日，为祈天官赐福，各村社都要张灯结彩祭“三官”（乡村设有三官庙奉祀天官、地官、水官）。这天挂花灯，用各种游行表演来闹红火，十分热闹，故也称“闹元宵”。老百姓晚餐要吃元宵。

闹红火 [nɔ^{35}xuŋ^{35}xuə^{53}]

这天要组织传统节目游行表演，称之为“闹红火”，亦称“社火”[ʂᴇ^{35}xuei^{53}]，有“舞龙灯”[u^{53}luŋ^{13}təŋ^{13}]、“跑旱船”[p^{h}ɔ^{53}xɑŋ^{35}ts^{h}uɑŋ^{13}]、“踩高跷”[ts^{h}æ^{53}kɔ^{31}tɕ^{h}iɔ^{53}]、“扭秧歌”[ȵəu^{53}iɑŋ^{31}kɔ^{35}]、“竹马”[tsuʌʔ^{31}mɑ^{53}]、“抬阁”[t^{h}æ^{13}kʌʔ^{13}]和“背棍”[pæ^{31}kuŋ^{35}]等。城内和近郊各里坊的民间社火进城表演时，各字号都要邀请他们在门前表演一番，事毕赏给烟、洋（钱），图个吉利。

图7－32 舞龙灯

图7－33 耍狮子

图7－34 跑旱船（1）

图7－35 跑旱船（2）

旱船，是汉族民间表演艺术形式之一。这是一种模拟水中行船的民间舞蹈，逢年过节，山西境内各地都流行这种民间舞蹈。“旱船”是依照船的外观形状制成的木架子，木架周围有彩绸。船的上面以红绸、纸花装饰，有的地方还装有彩灯及其他装饰物。乘船者一般是一个人，有时也有双人、四人甚至七人共同乘用一只船的。乘船者所表现的多是姑娘、媳妇，也有扮演其他人物的。

灯马马也称“竹马”。明代中叶已在平遥县兴起，流传至今。竹马用竹皮或竹篾扎成，外面以绫纱裱糊，彩绘而成。竹马分为前后两截，固定在十二三岁男童的前胸、后腰。男童身系若干小铜铃。竹马队一般由 14 名儿童组成，12 匹竹马表现十二生肖，前面一个引导的叫“马头”，用戏剧表演中的拂尘指挥，后面一个是“马尾”，其余表演者手持马鞭，像骑着马奔跑一般，伴随着铃铛声声，犹如万马奔腾。夜间，竹马身上放置灯烛，表演起来尤为好看。平遥县古陶镇南城村的竹马表演闻名全县，主要有《翻身身》《双八调》《单八调》《对竹马》等节目。

图7－36 灯马马

节节高流行于平遥县小城村、尹回村一带。表演者多为七岁左右的男女孩童，扮成各种戏剧人物，站立在成人表演者的双肩上面，无须绑捆，全凭孩童用双腿和膝部夹靠在成人后脑部，类似杂技表演。成人表演者随着音乐的节奏，在行进中走出各种步伐，肩上的孩童随之在上面舞出各种动作，煞是好看。孩童扮演的多是《西游记》《八仙过海》中的人物。

图7－37 节节高（1）

图7－38 节节高（2）

背棍是在表演者的双肩捆缚特制的叉形铁架，用绳带系于胸前，绑于腰际，然后挑选男女孩童(年龄在六岁左右)，经勾脸、彩饰、精心化妆打扮后，从腰至踝绑缚在踩盘上。背棍表演者在行走时，根据背上孩童所扮演的戏剧人物及所表现的戏剧故事，踩着锣鼓的节拍，甩开双臂，高抬双腿，迈着各种舞步，上面的孩童手拿彩色丝巾，随着节拍及背棍表演者的步伐相应舞动、摇摆，煞是好看。背棍的表演形式有单人背棍、双人背棍、三人背棍。平遥县以道虎壁村、尹村的背棍最为出名。

抬阁也叫铁棍，主体为铁木结构。民国年间，本县西郭村民间老艺人侯景星精心设计，将铁杆固定在抬杆上端，抬杆周围以山水花草、亭台楼阁等道具加以装饰，再将三四个饰演各种人物的男女小孩固定在铁杆上，由成年男子抬着，在行进中表演。抬阁上小演员所扮演的角色随着时代的发展而有所变化。过去大多以历史人物、戏剧人物为主，也有民间传说中的人物。近年来，人们将大办企业、村村通公路、调整种植结构、增加农民收入等内容以抬阁的形式加以表现，时代特色更加鲜明。

图7－39 背棍

图7－40 抬阁（1）

图7－41 抬阁（2）

高跷俗称“拐子”，跷腿用两根木棍制成，一般在六尺上下，高者达一丈二尺。木棍靠近上端处横装踏板，表演时演员的小腿绑在木棍上端，脚踩踏板，按各种舞步走动表演。技艺高超者，可跳跃板凳桌子等障碍物，还可以跌八叉、“金鸡独立”、下软腰。表演者有的化妆成戏剧人物，既有演绎历史故事的，也有反映现实生活的，内容丰富多彩，形式不拘一格。

图7－42 踩高跷（1）

图7－43 踩高跷（2）

二鬼丢跤 [ər^{35}kuei^{53}tiəu^{31}tɕiɔ^{31}]

即二鬼摔跤。两个偶型的鬼面目狰狞，服装下摆较长，由一人在二鬼服装下进行操纵，伴随着锣鼓点儿，做上下翻滚、扑跌、下绊、踢腿、甩扫、抱腿、搂腰、旋转、托举等动作。

图7－44 二鬼丢跤

看灯 [kʰaŋ^{35}təŋ^{13}]

正月十五这天晚上最重要的民俗活动要属“看灯”了。沿街的百姓宅院、各商号等均在大门外及店铺外屋檐下悬挂花灯，有的灯上还写有谜语供人们猜谜。元宵节晚上灯火辉煌，观灯人络绎不绝，直至深夜，一派喜庆景象。由于看灯的人很多，自然在闹灯的过程中也会有很多情感的流露。在当地，流传着“正月十五人看人，好媳妇子爱相公，八十岁老婆爱寿星”的说法。

图7－45 正月十五花灯（1）

图7－46 正月十五花灯（2）

图7－47 鼓形花灯

图7－48 正月十五娘娘庙求子

送孩孩 [suŋ^{35}xei^{31}xei^{13}]

正月十五这天，乡村里有给新婚之家“送孩孩”的习俗。由一位儿女双全的成年男子，扮作送子娘娘的使者，提着竹筐，内放很多泥塑娃娃 [ȵi^{13}səu^{35}uɑ^{35}uɑ^{53}]，跟随着锣鼓队，打着“浑秧歌”[xuŋ^{35}iɑŋ^{13}kɔ^{13}]鼓点，或吹奏着“孟良打弓”“将军令”等乐曲，挨门逐户送，每到一家都要唱几句祝福词，既祝主家早生贵子，又讨得些喜酒、喜烟和喜洋（钱），皆大欢喜。

三　寒食节与清明节

图7－49 红蓝蓝纸——公鸡、笔架

寒食节 [xɑŋ^{13}ʂʌʔ^{13}tɕiʌʔ^{13}]

简称寒节，即清明前一日、上年冬至后的第一百零五日。《荆楚岁时记》中记载：“去冬一百五日即有疾风甚雨，谓之寒食，禁火三日。”史书记载晋国大夫介子推因拒绝晋文公封赏，背着老母逃入绵山森林中。晋文公命士兵点火烧山，想迫使介子推出来，但介子推宁愿同母亲相抱被烧死，也未出山受封。晋地百姓感其气节，每年此日不生灶火，以示纪念，久之形成民俗节日。而平遥民俗又以“一百五日”的谐音趋吉，演绎为“一百五（无）忌日”，意思是有动土、打灶、修葺房屋等工程者，可于此日动工，以后继续进行就无须择日了。

图7－50 红蓝蓝纸——公鸡、蒜、笤帚

红蓝蓝纸 [xuŋ^{13}lɑŋ^{13}lɑŋ^{35}tsɿ^{53}]

即用硬币大小的各色布片串成一串，在最上面串一个纸制的公鸡，再串上一个蒜瓣或纸叠的笔架，有的还在布片上画一个卐字，有的则串一个纸制的笤帚 [tiɔ^{35}tsəu^{53}]（寓意扫除阴霾雾瘴），最下面是一个布条的穗儿。儿童们在寒食日（一说过去有在端午节）戴在脖子上或缝在肩上，使其垂挂在胸前，以驱邪趋吉。三岁以下儿童布片用红色，三岁以上儿童布片用彩色。这一天家中给小孩子们蒸一种叫作“寒猴儿”[xɑŋ^{13}xəu^{13}ʐʌʔ^{35}]的面食，即“寒节吃寒猴”。

图7－51 红蓝蓝纸——公鸡、笔架、卐字

图7－52 清明上坟

图7－53 纸提撩撩

清明节 [tɕʰiŋ^{31}miŋ^{35}tɕiʌʔ^{13}]

清明既是农历二十四节气之一，又与寒食节相连。现在清明与寒食节的划分已经不是很清晰，两者相合且并称。清明节连续活动三日，民俗日：“先新坟，后清明，一百五日夹当中。”新坟日，也称“新节”，凡在前一年内有亲人去世的家庭，清明节前两日内要上新坟祭奠、烧纸。清明前三日至后三日，家家户户扫墓祭祖。平遥民俗，清明扫墓极为重要，外出游子要千方百计归乡祭祖，俗称“千里赶上坟”。上坟时要在每个坟丘上插一串白色的剪纸工艺品，名为“纸提撩撩”[tsɿ^{53}ti^{35} liɔ^{35}liɔ^{31}]（“提撩”是“吊”的分音词），表示这座坟地有后人在祭祀。

清明节扫墓上坟时除了烧纸钱，还要上供品，烧锡箔制的元宝、钱币、冥钞等。尤其是在祭祀这一年里去世的亲人时，即“新节”的时候，要烧一些传统的纸制供品，如“离多”[li^{13}tuə^{13}]（一种纸糊的宅舍）。除此之外还有库楼、金马驹、摇钱树、聚宝盆等。现在有的还制作精巧的四合院、新式楼房、别墅、各种家用电器等。

图7－54 库楼

图7－55 须弥座、元宝山

图7－56 离多

清明节各家还要制作特殊形状的面食品：为家中男性蒸制“蛇盘儿”，已婚的“蛇盘兔”，未婚的“蛇背燕”（因燕子象征女子，吃了“蛇背燕”，预祝娶个好媳妇）。男子上坟时要带上这些祭品在坟地抛撒，因民俗有“蛇盘兔，必定富”的说法。另外，还要为媳妇蒸“水牛（蜗牛）”，为闺女蒸“飞燕”，为出嫁了的闺女蒸“跑兔”，女子的蒸食皆不带到坟茔。上坟祭扫前须先祭“后土”，祭后给坟头象征性地添土。上坟过后要在茔地里找几个谷草根，回家后放在“门脑”（门的上方），祈求辈辈有“根”。清明节无论大人小孩在野外行走都要系一条红色裤带，或者系一根短短的红布条，并且要露出来，有辟邪之意。

图7－57 清明节上坟供品——蛇背燕

四　端午节

五月端午 [u^{53}yʌʔ^{53}taŋ^{31}u^{53}]

平遥民间在端午有吃粽子[tɕyŋ^{35}tsʌʔ^{53}]、挂香袋、喝雄黄酒、插艾叶的习俗。粽子用苇叶包糯米、红枣，系的绳子用马莲。香袋、艾叶和菖蒲有避恶除害之意。

在当地，人们习惯用雄黄酒在孩子们的额头上写“王”字，以辟邪防病。儿童腕上系“辟邪线”[pi^{35}ɕiᴇ^{31}ɕiᴇ^{35}]，以五色线[u^{53}sʌʔ^{13}ɕiᴇ^{35}]扭成，从中指绕过，通过手背缠在手腕上。香袋里面有朱砂或麝香，可起到辟邪的作用。另外平遥还要吃白面制作的“端箍”[tuaŋ^{13}ku^{53}]。粽子和“端箍”既是端午节食品，也用于供神。

图7－58 粽子（1）

图7－59 粽子（2）

图7－60 端箍

图7－61 辟邪线（五色线）

五　中秋节

八月十五 [pʌʔ^{31}yʌʔ^{53}ʂʌʔ^{35}u^{53}]

即中秋节。在入夜后设供桌于院内，用月饼 [yʌʔ^{35}piŋ^{53}] 和五种时令瓜果供奉“月明爷”[yʌʔ^{53}mi^{53}iᴇ^{31}]。家家户户烤制月饼，月饼模具的图案很多，传统的刻有广寒宫、桂树、玉兔、寿字等。每家要烤制一个“大团圆”月饼，直径 30 ~ 40 厘米左右，此外还有“二团圆”（稍小于“大团圆”）、“月牙儿”（女性食用）、“月葫芦”（男性食用）、“孙猴子”、“吉祥饼”等。供奉毕，将各式供品取少量向天空抛撒，然后按照家庭人口，把“团圆月饼”[tuɑŋ^{13}yᴇ^{13}yʌʔ^{35}piŋ^{53}]切成若干份分食。

图7－62大团圆月饼

八月十五自家烤制的月饼叫“粗月饼”[ʦʰəu^{13}yʌʔ^{35}piŋ^{53}]，用熟油和面，馅料有核桃仁、瓜子、芝麻、葡萄、干玫瑰酱、桂花酱、白面、白糖、红糖、花生仁等，用月饼模子打出花形，在鏊子上烤熟。在市场上买的精加工炉烤的则称为“细月饼”[sei^{35}yʌʔ^{35}piŋ^{53}]。

图7－63 寿字月饼及模子

图7－64 做粗月饼

图7－65 粗月饼

六　其他

立春 [liʌʔ^{53}tsʰuŋ^{13}]

也称作“打春”[tɑ^{53}tsʰuŋ^{13}]。平遥人此日要吃“春饼”[tsʰuŋ^{31}piŋ^{53}]。此日祭地坛，表示农耕的开始，并有“打春”的习俗。用木头或泥做一头假牛，称为“春牛”[tsʰuŋ^{31}ȵiəu^{35}]。人们用鞭子象征性地鞭打，寓意一年农事开始。

二月二 [ər^{35}yʌʔ^{53}ər^{35}]

俗语云：“二月二，龙抬头。”平遥人也讲究“二月二，扒龙皮”，要吃烙饼。人们早晨起来要用发糕 [xuʌʔ^{13}kɔ^{13}] 供土地爷。有诗曰：“玉龙降而犯天规，当受人间千秋罪。若想重登灵霄阁，金斗开花方可归。”（发糕的样子像金斗）所以这一日家家都要吃面里嵌入黄豆的米面发糕，有的人家还吃绿豆面煎饼以驱疫病。这天讲究要剃头、理发。

图7－66 发糕

惊蛰 [tɕiŋ^{31}tʂʌʔ^{53}]

平遥话有俗语称“惊蛰地眼开”，表示土地解冻了，要开始干农活了。民间在这一天讲究要吃梨，有“吃梨肚子不疼”的说法。

七月初七 [tɕʰiʌʔ^{13}yʌʔ^{53}tsʰɥ^{13}tɕʰiʌʔ^{13}]

在田间禾秆上挂花纸条，以避冰雹，或避天灾。旧俗夜里放河灯以祭鬼，现已淡化。此日为乞巧节，旧时未出嫁的姑娘要在此日学做刺绣等针线活，日后会变得心灵手巧。

七月十五 [tɕ^{h}iʌʔ^{31}yʌʔ^{53}ʂʌʔ^{35}u^{53}]

即盂兰节，为地官生日，又称“中元日”，俗称“鬼节”。此日于门外烧纸祭奠已故亲人。

立秋 [liʌʔ^{53}tɕ^{h}iəu^{13}]

立秋要吃“旋儿饼”[ɕyᴇ^{35}zʌ̩ʔ^{13}piŋ^{53}]。旋儿饼呈黄色，为甜食，口感酥松。民俗称“入伏吃角儿（饺子），立秋吃旋儿饼”。

十月初一 [ʂʌʔ^{53}yʌʔ^{53}ts^{h}ɥ^{13}iʌʔ^{13}]

十月初一为“寒衣节”[xɑŋ^{13}i^{13}tɕiʌʔ^{13}]，俗语有“十月一，送寒衣”。当地人多在门外烧纸祭奠。县志载：此日妇女“夜哭于门外”。现今也有人给已故亲人上坟，送纸制的棉衣等。有的“衣服”上还要像邮寄包裹似的写上已故亲人的名字，向北面边哭泣边点燃，让衣服随风飘向北边，送给亲人。据说此俗和古代怀念在北部戍边亲人的习俗有关。此日祭奠亦供奉水果、馒头诸物，祭祀当年去世的亲人，馒头顶部不点红，以表哀悼。此风俗现在仍存在。

十月十五 [ʂʌʔ^{53}yʌʔ^{53}ʂʌʔ^{35}u^{53}]

十月十五是“土家”[t^{h}u^{53}tiɑ^{13}]的生日，土家即土神。晨起外出，在有土方之处刨小洞取一升土，并将书有“奉供土翁土母、土子土孙、合府众土之神位”的牌位插于土中，上供品“小三牲”：面制小猪头、小雄鸡和小鲤鱼，再加一个去皮熟鸡蛋。然后焚香燃灯供拜，入夜时将原土送还，焚烧牌位，供品及小灯一并弃置取土处。

冬至日 [tuŋ^{13}tsɿ^{13}zʌ̩ʔ^{53}]

冬至在平遥是一个重要的节气，此日要早起，中午要吃羊肉胡萝卜馅儿的饺子，认为不吃饺子会被冻耳朵，另外还要吃软糕以辟邪。民俗曰：“过冬不吃糕，鬼在窗子覗”[kuei^{13}tuŋ^{13}pʌʔ^{13}tʂ^{h}ʌʔ^{13}kɔ^{13}，kuei^{53}tsæ^{35}suə^{31}tsʌʔ^{35}mɔ^{13}]，“覗”即看。另外，此日全家人要团聚，出嫁的闺女一定要回婆家，忌讳在娘家过冬至。俗话云：“在家过个冬，死个大伯子捎个公。”

腊月初一 [lʌʔ^{53}yʌʔ^{53}ts^{h}ɥ^{13}iʌʔ^{13}]

此日家家都要用沙土“爆炒花儿”[pɔ^{35}sɔ^{53}xuɑ^{31}zʌ̩ʔ^{53}]，又称“炉炒花”[ləu^{13}sɔ^{53}xuɑ^{13}]，

原料有玉米、小麦、黄豆、麻籽等。将沙土放在铁锅里烧热，再将玉米等放进去炒到爆开。当地习俗认为爆炒可去百病。故当地谚语有“得病的炒花加病的粥儿，要命的糖瓜救命的扁食”。

腊八节 [lʌʔ^{53}pʌʔ^{53}tɕiʌʔ^{13}]

古时十二月初八为祭祀“八蜡神”[pʌʔ^{13}lʌʔ^{53}ʂəŋ^{13}]之日，八蜡神是汉民族古代敬奉的一组主宰农事的神祇。佛教传入后，又与佛祖释迦牟尼成道之日相合，佛寺常于此日诵经，并熬粥供佛，遂演变为习俗。平遥人在此日食“腊八粥”[lʌʔ^{53}pʌʔ^{53}tsuʌʔ^{13}]。主妇们在凌晨四点左右便起床熬制，全家要在天亮之前食用完毕。腊八粥配料一般为软小米、红枣、黄豆、小麦和豌豆等，熬粥时要熬到黏稠香滑、米豆熟烂方可。

腊月二十三 [lʌʔ^{53}yʌʔ^{53}ər^{35}ʂʌʔ^{53}saŋ^{13}]

腊月二十三俗称“小年”[ɕiɔ^{53}ȵiᴇ^{13}]，此日要祭祀“一家之主”的灶王爷，因为这天他要上西天向玉帝报告人间一年之事。平遥人会供奉又甜又黏的“糖瓜”[sei^{31}kuɑ^{35}]祭灶，意在糊住灶王爷的嘴，再送灶王爷升天，以达到“上天言好事，回宫降吉祥”的目的。另外，从此日起人们就开始了过大年的准备。平遥民俗曰：“腊月二十四，灶家爷爷不管事，揩抹打扫搬家私。”然后磨豆腐、蒸馒头、缝新衣、备年货，营造过年的气氛，以除旧迎新。

图7－67 灶君爷

图7－68 糖瓜祭神

捌·游戏娱乐

图8－1 平遥籍戏剧演员

平遥人喜爱游戏杂要，除保留了大量民间传统游艺外，在劳动闲暇还创造发明了许多简便易行的图格对弈游戏。这方土地还孕育了晋中秧歌、晋中梆子（即晋剧）等地方戏曲以及平遥盲书等说唱类曲艺。著名晋剧表演艺术家程玉英就是山西省平遥县梁赵村人。20 世纪 30 年代初，程玉英与晋剧艺术家丁果仙等人联合进京演出，曾受到马连良的指点，被北平观众誉为“山西两个女戏王”。程玉英 16 岁时，在师傅的帮助下，对晋剧原有的“那一咦呀嗨”行腔进行大胆改革，创造单用一个“嗨”字的“嗨嗨腔”，并使之在晋剧唱腔中正式定型和程式化，由此成为独树一帜的程派声腔体系。在三晋大地上，至今还有“宁肯跑得丢了鞋（读音孩），不要误了程玉英的嗨嗨嗨”和“宁肯跑得厥杀[tɕyʌʔ^{13}sʌʔ^{35}](累死），也不要误了程玉英的哭嚓[k^{h}uʌʔ^{31}ts^{h}ʌʔ^{35}]（指哭腔）”等佳话。程玉英录制的晋剧唱片有《教子》《秦香莲》《火焰驹》《情探》《女中孝》等数十部。1984 年，文化部、省文化厅及地委、行署联合为其颁发“纪念程玉英舞台生涯 50 周年”荣誉证书并赠送了“晋剧瑰玉，艺坛精英”匾额。2011 年程玉英被晋中市委、市政府授予“人民艺术家”的光荣称号。

一　民间游艺

十八子儿打老虎 [ʂʌʔ^{53}pʌʔ^{31}tsɿ^{53}zʌ̩ʔ^{13}tɑ^{53}lɔ^{31}xu^{53}]

又叫“十八子儿围老虎”。成年人和孩子都可玩耍，先选择一个特别的器物作为“老虎”。有两种玩法，一为十八子打一只老虎，二为二十四子打两只老虎。对阵前单虎或双虎位于虎窝正中，有一子含在老虎口中，其他子排在中间方框格子交叉的结上。十八子打老虎要求老虎居于窝中，其他的十八子居于窝外。老虎与十八子交替行进，每次只可前进一步，老虎一方可隔子将对方子吃掉，直至将十八子吃光为胜。十八子一方则要步步紧逼，把老虎逼到窝正中逼死为赢。二十四子围老虎则必须将两只老虎分别围在两个窝的正中方为赢。

图8－2 十八子儿打老虎

图8－3 按连儿（1）

图8－4按连儿（2）（杏核方取胜）

按连儿 [ŋan^{31}liᴇ^{31}ʐʌʔ^{35}]

也叫“钉连”或“钉方城”。双人游戏，游戏者以成人居多，有九子和十二子两种玩法。棋盘形状为三个大小不同的同心正方形套叠在一起。对弈双方每人分不同颜色或形状各执九子或十二子，要求先上子，后行子。双方上子时，轮流依次安放一个棋子，每三个棋子或沿横线或沿竖线或沿斜线连在一起时，就为“一连”。上子时每当一方的三个棋子连成一线时，就为“合连”，可吃掉对方非一连的任意一子，如此直到双方安放好所有棋子，然后行子。行子时依照上子时规定，一方合连就可吃掉对方非一连的一子，吃净另一方的所有子为胜。

钉宙 [tiŋ^{35}tʂəu^{35}]

一种棋盘类益智游戏。对阵双方各有九子，放置在盘面两边的线上（顶角处除外）。盘上共有四“三”（三子一连）、十“宙”（五子一连）、两“通天”（对角线五子一连），当一方成“三”，即横线或竖线上三子连在一起时，可吃掉对方一粒子；成“宙”，即横线或竖线五子连在一起时，可吃掉对方两粒子；成“通天”，即对角线五子连在一起时，可吃掉对方三粒子。先吃净对方所有子的为赢家。

夹鸟儿蛋 [tɕiʌʔ^{13}ȵiɔ^{53}ʐʌʔ^{13}taŋ^{35}]

一种棋盘类益智游戏。盘面同“钉宙”，对阵双方各有五子，放置在对边底线。一方横线、竖线或斜线上的两子将对方一子夹在中间时就为一“夹”。一方有“夹”可把对方所“夹”之子提掉，变为己子。一方将一子放在对方两子中间，如同担子挑物，就为一“担”，可将所“担”对方两子变为己子。先吃净对方所有子的为赢家。

打当铺 [tʌʔ^{53}taŋ^{31}pu^{35}]

一种棋盘类益智游戏。一般用杏核作子。游戏双方一方为坐当铺者，一方为打当铺者。打当铺者从盘前“+”处将杏核用力弹出并使之弹回，弹入盘中几域，就能赢得坐当铺者几子，如果没有弹入，打当铺者失一子。赢得子最多的一方为赢家。

四角撑 [sʅ^{35}tɕyʌʔ^{53}tʂ^{h}əŋ^{13}]

一种棋盘类益智游戏，也叫“憋半升”“裤裆棋”。盘形如“区”字，五条线交叉成五个结，游戏双方各将两子置于两角，只能利用中间唯一的结走棋，先将对方憋回到原来位置无法动子者为赢家。

跳茅坑 [t^{h}iɔ^{35}mɔ^{13}k^{h}əŋ^{13}]

一种棋盘类益智游戏。游戏双方各有三子，放在上下两边三个结上，分先后依次一步一步走子，三个子被逼进三个茅坑不能动子的一方为输家。

天上太平 [t^{h}iᴇ^{13}xɔ^{31}t^{h}æ^{35}p^{h}iŋ^{31}]

一种棋盘类益智游戏。双方各持四子，放在对立的四个结上，从自己所处位置数四个结，呼“天上太平”，落到对方一子上就可吃掉对方此子。双方交替行子，先食净对方子者为赢家。

脑口袋 [nɔ^{53}k^{h}əu^{53}tæ^{35}]

盘形如“天上太平”，双方各持四子，置于相对的四个结上，双方交替行子，与对方隔一子时就可吃掉对方一子，先食净对方子者为赢家。

赶牛角 [kaŋ^{53}ȵiəu^{13}tɕyʌʔ^{53}]

一种棋盘类益智游戏。一方为双子放置在左方，另一方为单子放置在右旁，三子形成三角，由双子一方先走，双方一次一步，双子一方走到将单子一方逼到顶角处不能动子时为赢家。

掰玉稻黍 [piʌʔ^{13}y^{35}t^{h}ɔ^{13}sʮ^{53}]

一种棋盘类益智游戏。双方各持四子，放在对方的两边结上，双方依次一步一结行子，行至对方对角处即可将对方子提掉。先被提尽子的一方为输家。

跳房房 [t^{h}iɔ^{55}xuə^{13}xuə^{35}]

当地孩子常玩的一种游戏，以女孩子居多。房房为用粉笔画的多种格子图。游戏者分为两方或多方，在地上画一标有格子的图形，设定起点和终点，从游戏格子起点到房房终点依次从小到大标上数字。游戏时，先用掷盒子方式决定玩家的先后顺序。双方往格子内丢掷金属小盒子（盒子里边加入土和沙），丢在格子最远位置的一方就可以先玩。开始时，玩家先丢掷金属小盒子，然后单腿跳至小盒子所在格子，再踢小盒子至前面的格子内，继续单腿跳至盒子所在格子里，直至跳完所有的格子。游戏中，小盒子一旦出线或压线，均属“踢坏”，表示此次失败，游戏权转交至对方。还有一种玩法，先用钉包猜（即石头剪刀布）的方式决出先后，胜者从起点单腿往前跳一格，再次用钉包猜的方式决胜负，胜者往前跳一格，如此往复，先跳至终点者为赢家。

图8-5 跳房房

跳绳绳 [t^{h}iɔ^{35}ʂʅ^{13}ʂʅ^{13}]

可分单人跳、双人跳、跳大绳。单人跳、双人跳的花样比较多，可以把绳子向前悠、向后悠，也可以扭麻花。跳大绳时，先选出两人负责摇绳。可以一人钻入绳圈中，随绳跳动，直至“跳坏”，也可以多人排成一列，依次从绳圈中跳入跳出，还可以多人一起在绳圈中跳动。

踢枕蛋蛋 [t^{h}iʌʔ^{13}tʂəŋ^{53}taŋ^{35}taŋ^{31}]

即踢沙包，当地女孩子常玩的游戏，可两人或多人游戏。“蛋蛋”表小。“枕蛋蛋”是小枕头的意思。踢时先用钉包猜的方式决出玩家顺序。玩时玩家把沙包抛起，用脚的内侧踢接沙包，脚踢起一次算“一个”，直至沙包坠地“玩坏”为止。

图8－6 枕蛋蛋

扔枕蛋蛋 [ʐəŋ^{13}tʂəŋ^{53}taŋ^{35}taŋ^{31}]

当地女孩子喜爱玩的一种集体游戏。游戏者至少三人。双方对垒，一方以攻为主，其中两人间隔数米，轮流用“枕蛋蛋”掷向守方，击中守方一次，守方失一命。守方站立其中，躲避或接住“枕蛋蛋”，接住一次为一命。守方被击中没命时，守方就输了。攻守双方重新换位，开始游戏。

踢毽毽 [t^{h}iʌʔ^{13}tɕiE^{35}tɕiE^{53}]

即踢毽子，也是当地女孩子常玩的游戏，可两人或多人游戏。

吹迷迷 [ts^{h}uei^{13}mi^{35}mi^{31}]

即吹柳笛。清明节前后，柳树刚发芽时，当地男孩喜爱的游戏。制作柳笛时，先把嫩的柳枝摘下，轻轻扭动外皮，抽去内茎，使柳枝变成空心状，然后用剪刀在一端剪个小小的口，用小刀轻轻地削去一圈长度为一厘米左右的外皮，作为“迷迷嘴嘴”，柳笛就做好了。吹柳笛时用嘴吹或用手压住“迷迷嘴嘴”，使之发出响声。民间有俗语“迷迷迷迷响响，不响了抠你屁眼眼”。

打不改 [ta^{53}pʌʔ^{13}kæ^{53}]

即抽陀螺。男孩女孩都可玩耍。

跳皮筋筋 [t^{h}iɔ^{35}p^{h}i^{13}tɕiŋ^{31}tɕiŋ^{35}]

即“跳皮筋儿”。

琉璃圪蹦蹦 [liəu^{13}li^{13}kʌʔ^{31}pəŋ^{35}pəŋ^{31}]

一种小孩子要的玩物。通常在过年时或在早春季节的各地庙会上有售，薄玻璃制品，形状类似于一只腹底扁平大腹细腰细嘴的瓶子，有红色、咖啡色等。用嘴吹或手压嘴部时可发出“圪蹦圪蹦”的声音，也可以用手轻按底部使之发声。因是玻璃制品，故较易碎，民间有俗语“琉璃圪蹦蹦，刚要一阵阵，要的多了，绊倒摔了”。

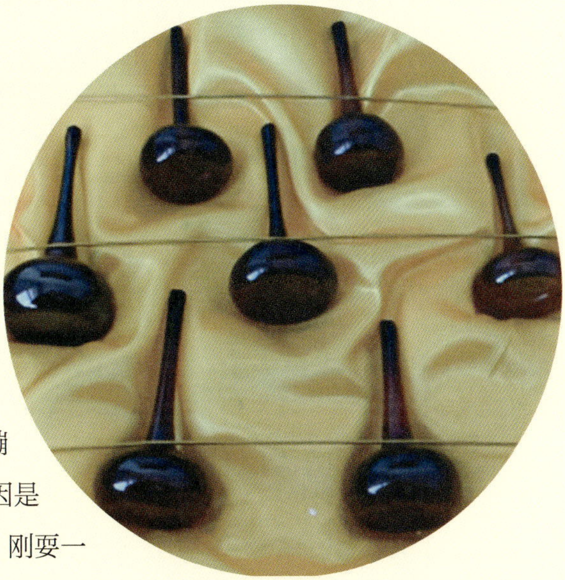

图8－7琉璃圪蹦蹦

顶拐拐 [tiŋ^{53}kuæ^{53}kuæ^{31}]

当地男孩子玩的一种游戏，用左手抓着右脚脖子，右手同时搬起右腿与地面平行（或反之），单脚着地，如同“拐子”，迎面撞击同样单脚独立的对方，力气大或速度快者容易取胜，跌倒或脚先着地者为输家。

掩黑佬佬 [ŋɑŋ^{53}xʌʔ^{13}lɔ^{53}lɔ^{31}]

也叫“藏猫蛄儿”[tɕyə^{13}mɔ^{13}ku^{13}ʐʌʔ^{13}]，即捉迷藏。“蛄儿”当地指老鼠。参加者先用手心手背的方法决出老鼠，最后一名当猫。先让猫待在规定的一个地方，并蒙住眼睛，数五十或一百下，老鼠们要在数数这段时间内寻找隐蔽的地方藏好。猫数完数，睁开眼睛，开始搜寻老鼠。只要抓住一只老鼠，这轮游戏就结束，由被抓的老鼠做下一轮游戏的猫，开始下一轮游戏。

顶楼楼 [tiŋ^{53}ləu^{13}ləu^{13}]

一种两人游戏。一人向下张开手掌，另一人伸直食指放在掌下，张掌者伺机合掌来抓住伸指者的食指，伸指者则须反应迅速地抽离食指，逃脱慢了被抓住就算输。二人轮流互换角色玩。

黄鼬吃鸡儿 [xuə^{13}iəu^{13}tʂ^{h}ʌʔ^{13}tɕi^{31}ʐʌʔ^{35}]

即老鹰抓小鸡的游戏。

瞎子捉拐子 [xʌʔ^{31}tsʌʔ^{35}tsuʌʔ^{13}kuæ^{53}tsʌʔ^{35}]

游戏者为两个人。其中一人蒙着眼当“瞎子”，另一个人把一只手绑在腿上当“拐子”，“拐子”口中含一哨子，隔一会儿吹一下，“瞎子”则顺着声音去逮。这种游戏主要是为了逗乐，“瞎子”看不见乱摸索一通，围观的人们时不时地加以误导。“拐子”走起路来滑稽可笑，常常引得围观者开怀大笑。

溜手巾巾 [liəu^{35}ʂəu^{53}tɕiŋ^{31}tɕiŋ^{35}]

即丢手绢儿游戏。

织布儿 [tʂʌʔ^{31}pu^{35}ʐʌʔ^{53}]

两人游戏。两个人背靠着背，手臂勾手臂，来回背着对方玩，如同“织布儿”的梭子一来一回。

打游千 [tɑ^{53}iəu^{31}tɕʰiᴇ^{53}]

即打秋千。这种游戏一般在清明时节进行，一些乡村在大树旁临时用绳子和木板搭起秋千，供人赏春游玩。

磕蛋蛋 [kʰʌʔ^{31}taŋ^{35}taŋ^{53}]

即弹玻璃球儿。这种游戏今天已很少玩了。

图8－8 磕蛋蛋

打飘飘 [tɑ^{53}pʰiɔ^{31}pʰiɔ^{35}]

即打水漂。

耍水 [suɑ^{53}suei^{53}]

即游泳。

咬蛐蛐 [ȵiɔ^{53}tɕʰy^{31}tɕʰy^{35}]

即斗蟋蟀。

放风筝 [xuə³⁵xuŋ³¹tsəŋ³⁵]

春天当地居民有放风筝的习俗。原先的风筝是由家庭自制的，就地取材，用麻纸或牛皮纸剪成三角形或四方形，也有马褂、蝴蝶等形状的，风筝尾部再粘上一条或两条长长的纸条儿，用来助飞，风筝主体用麦秸秆或竹条作筋骨，最后搭上线，风筝就做好了。

耍嗡子 [suɑ⁵³uəŋ³¹tsʌʔ³⁵]

即玩空竹。空竹高速转动时，会发出"嗡嗡"的声音，所以当地称空竹为"嗡子"。

推桶圈 [tuæ³⁵tʰuŋ⁵³tɕʰyᴇ¹³]

即滚铁环。

图8－9 推桶圈

翻骡槽 [xuaŋ^{13}luei^{13}tsɔ^{35}]

也叫“翻架架”。当地女孩子的一种游戏，是一种二人游戏。最初用毛线绳结成绳圈，后来也有用细塑料绳的，一方把绳圈架在两手的指间，另一方则用手指勾翻绳圈，架在自己两手的指间，两人来回翻变，形成各种各不相同的平面或立体图形。由于多数图形形似骡槽，来回翻手于两人之间，故名之“翻骡槽”。虽然乡间有“翻骡槽槽遭年成”的说法，但小孩们仍乐此不疲。

打兀儿 [tɑ^{53}uʌʔ^{31}z̥ʌʔ^{35}]

过去当地男孩子喜欢玩耍的一种游戏。“兀儿”，指长一二寸、两头尖、呈枣核状的短木棒，多用柳木削成，也可用枣木或榆木。先把“兀儿”平放于地面，玩时用类似乒乓球拍的厚实木板砸击“兀儿”，使“兀儿”从地面向上弹起，玩的人顺势将“兀儿”击向前方，远者为胜。

跌阎王 [tiʌʔ^{13}iᴇ^{13}uə^{13}]

又名“阎王跌魁娃”。过去男孩子玩的一种游戏，人数不限。把半头砖（半砖）摆放成三条直线，两两相隔一米，中间直线由两块半头砖组成，代表阎王，两边代表小鬼。人站在十多米外，手持半头砖砸，砸倒中间砖的就成阎王，砸倒两边砖的就成小鬼，什么也没砸到的就是鬼魂。阎王和小鬼对鬼魂可以惩罚，惩罚措施有撩裤衩、撕脸蛋、按鼻子等。

打马城 [tɑ^{53}mɑ^{53}tʂʰəŋ^{13}]

过去男孩子常玩的一项集体游戏。人数为十人左右，平均分成两队（下面用AB表示）。每队队员手拉手成一直线，两队面对面相隔十米左右站开。游戏以双方“叫阵”开始，A方喊：“打马城，马城开，叫你院家送过来。”B方喊：“叫谁去？”A方回应：“某某某（B方一队员的名字）！”如果B方不想出让这名队员的话，就回应：“他不在。”A方继续点B方其他队员的名字，B方接受挑战的话，就回答说：“我就来。”然后被点到名字的人出战，向对方阵线冲去，力图冲破对方手拉手的队阵。如成功，可赢得A方一人加入到自己队；如失败，则被收入A方，成为A方成员。

磕晶晶 [kʰʌʔ^{13}tɕiŋ^{31}tɕiŋ^{35}]

一种弹杏核的游戏，男孩女孩都可玩。“晶晶”，指杏核。先选定十几个杏核，把杏核随手撒到地上，手指弹击其中一枚杏核，使其碰及另一枚杏核，碰及的杏核可拿掉，接着可以再弹下一枚杏核，全部弹完算赢。弹杏核过程中，如果碰不到杏核或触碰了其他杏核，都算输。

倒块块 [tɔ^{53}k^{h}uæ^{53}k^{h}uæ^{13}]

即抓子儿游戏，男孩、女孩都可以玩。“块块”，可以是杏核、小石子等。通常把杏核、石子的一面涂上色，以区分正反面。玩时把“块块”抓握手中后在地上撒开，然后把其中一子儿向上抛起，在子儿下落过程中要紧接着把地上的子儿翻个个儿（或挪到旁边），并将上抛的子儿接住，直至翻完全部子儿，最后上抛一子儿，趁落到手里前将翻了个儿的子儿全部抓在手里者为全胜。

背块块 [pei^{35}k^{h}uæ^{53}k^{h}uæ^{13}]

男孩、女孩都可玩的游戏。游戏者拿出等量杏核，放在手心里，向上抛起杏核后，翻手向下，用手背去接杏核，把接住的杏核再抛起，然后用手抓住，以得子多者取胜。

叠马架 [tiʌʔ^{35}mɑ^{53}tɕiɑ^{35}]

过去男孩玩的一种多人游戏，分成两队，每队一人骑（站）于另一人的肩头，组成战队，两队进行对阵，互相冲击，被击落、摔倒者告败。

骑马儿 [tɕi^{35}mɑ^{53}zʌʔ^{35}]

过去男孩玩的一种多人游戏，分为两队，每队一人在先作马头，两人并排作马身，两人共同扛起一个人。两队对阵，互相冲撞对打，被击落 、散架、摔倒者告败。“骑马儿”也可以多队人厮杀。

弹钱儿 [tei^{53}tɕiᴇ^{13}zʌʔ^{13}]

民国初年圆形方孔制钱不再成为货币时开始流行的一种游戏。过去男孩子常玩，是一种二人游戏。二人选出一枚制钱作为“头儿”，先用钉包猜的方式决出谁先掷钱。后掷者先把一枚制钱置于地上，先掷者站立，双手轻轻捧着自己的“头儿”，钱眼对准地上那枚制钱的钱眼，对准后放手，让手中的制钱落向地上的制钱，这个动作就叫“弹”。如果手中制钱击中地上制钱并使之翻面，掷者就可赢得对方的一枚制钱。如未击中，就把自己的“头儿”放在地上，由后掷者“弹”。游戏中重、大、边缘光滑的制钱赢的机率大，所以那时的男孩子都有一枚属于自己的“头儿”，玩输时，也不让出自己的“头儿”，而是另拿制钱给赢家。这种游戏今已不见，但仍留存在老人们的记忆里。类似的游戏还有“跌三眼儿”[tiʌʔ¹³saŋ³¹ȵiaŋ⁵³zʌʔ¹³]、“取钱儿”[tɕʰy⁵³tɕiᴇ¹³zʌʔ¹³]，玩法与“弹钱儿”一样，但游戏双方要先下赌注，属于旧时的一种带赌博性质的游戏。

捷板儿 [tɕiʌʔ¹³paŋ⁵³zʌʔ¹³]

类似于坐跷跷板，过去当地农村流行的一种孩童游戏，“捷”，指的是一人蹲在木板一端使另外一端的人位置上升的行为。这种跷跷板是临时手工做的，先在地上放一个扫帚或一块砖头作为支撑点，再在上面放一块宽 15 ~ 20 厘米的长木板。板子的两端各蹲一个孩子，如坐跷跷板一样，上下跷动游戏。

抬轿儿 [tʰæ³⁵tɕiɔ³⁵zʌʔ³¹]

过去孩童们假扮出嫁的一种游戏。通常由两个力气大的人充当抬轿者，两人将四只手互相挽握在一起，每人胳膊围成一圆圈，扮新娘子者两腿伸进两个胳膊圈中，坐在四手挽握处，被抬轿者抬着走。

打臂膀 [tɑ⁵³pæ³⁵pɔ⁵³]

即侧身翻。

蝎子爬 [ɕiʌʔ¹³tsʌʔ¹³pɑ¹³]

过去当地孩子常在平坦的空地上玩耍的一种游戏。游戏者双手着地，腰腹用力，将两腿向上翻翘，挪动双手，像双脚走路一样向前行走。因行走时双腿向上翻翘，形如蝎子尾巴，故而得名“蝎子爬”。

埋埋墙 [mæ¹³mæ¹³tɕyə¹³]

即拿大顶。过去孩子们常玩耍的一种游戏。游戏者分立在一堵墙前，先面对墙站立，俯身两手撑地，再将身体撑起倒立，将双脚搭在墙面上。谁倒立时间最久，谁就是赢家。

折筋头 [tʂʌʔ⁵³tɕiŋ³¹təu¹³]

即翻跟头。过去孩子们常玩耍的一种游戏。双手体前撑地，翻动身体一周。

跌八叉 [tiʌʔ⁵³pʌʔ⁵³tsʰɑ³¹]

即劈叉。过去孩子们常玩耍的一种游戏。两腿前后分开，呈"一"字形着地。

虎跳 [xu⁵³tʰiɔ³⁵]

即倒空翻。过去孩子们常玩耍的一种游戏。双手不撑地，翻动身体一周。

二　戏剧曲艺

灯影儿 [təŋ^{31}i^{35}zʌʔ^{53}]

也叫“影活活”[i^{53}xuʌʔ^{13}xuʌʔ^{35}]，皮影戏的俗称。以灯光映照，由演员操纵皮制或纸制的人、兽等道具，投影于薄纱帷幕或纸窗上，并配有唱腔和音乐，幕后演员边操纵边用地方语言说唱，题材多为民间故事、神话传说。皮影戏每场演出有七人即可，九人足矣，谓之“七紧八慢九消停”。所占舞台，能悬挂起四五平方米的帷幕即可。当地至今尚遗留有少数小型戏台，仅供皮影戏演出，故称“灯影儿台子”。平遥城内武庙戏台台口上悬挂皮影戏帷幕的窗口设施，至今完整无损。

木疙瘩 [mu^{35}kʌʔ^{53}tʌʔ^{31}]

又称傀儡戏，即木偶戏。上世纪 50 年代末以后逐渐消失。

晋中秧歌 [tɕiŋ^{35}tsuŋ^{55}iaŋ^{31}kɔ^{35}]

又叫祁太秧歌。早在清代早期，本县就出现了踩街秧歌；道光年间又发展为地秧歌；光绪年间开始上台演出，成为一种戏曲形式。多以农家生活为题材，一般在农闲季节演出。传统剧目有《登楼》《挑帘》《卖画》《卖高底》，表现农家生活的有《算帐》《回家》《绣花灯》等。

图8－10 晋中秧歌《卖高底》

图8－11 晋中秧歌《看花灯》

中路梆子 [tsuŋ^{13}ləu^{35}paŋ^{13}tsʌʔ^{13}]

泛称山西梆子，今称晋剧，是蒲州梆子孕育产生的一个剧种，起初主要活动在山西省中部地区，即清代的太原府、汾州府及平定州所辖的各县。后来发展迅猛，流传地区逐步扩展，社会影响越来越大，流行于晋中、晋北及内蒙古、河北、陕西部分地区。传统剧目很多，代表性剧目有《八义图》《黄鹤楼》《打金枝》《游西湖》《下河东》《双罗衫》《日月图》《忠报国》《炮烙柱》《蝴蝶杯》等。

瞎子说书 [xʌʔ^{13}tsʌʔ^{13}suʌʔ^{13}sʮ^{35}]

也叫平遥盲书。说书，泛指有说有唱的曲艺。明末清初，当地盲艺人在评书的基础上，吸收口语化的地方民歌曲调，经过艺术加工，创造出一种属于板腔体、用地方语言说唱的“弦子书”。“弦子书”起初是单人坐唱，演唱者左小腿绑缚一块“蚱蚱板”（类似于快板），右膝盖上绑缚一面小镲，演唱时，右手既弹三弦，又敲击小镲，同时左腿不停地上下踏动，带动“蚱蚱板”奏出节拍，弦、镲、板齐响，犹如小乐队演奏。演唱书目多为自编的民间故事、笑话之类，如《王婆子骂鸡》等，后又出现《大八义》《小八义》《五女兴唐传》等章回小说的长篇书段，演唱形式也由单人说唱发展为数人对唱，分担角色，同时乐器也相应增加。清代末年又加入了竹笛、四胡和月琴三样乐器，丰富了盲书曲调。新中国成立初期，又加进了扬琴和低音二胡等乐器，使盲书曲调更加优美动听。

图8－12 盲艺人表演（1）

图8－13 盲艺人表演（2）

方言快板 [xuɑŋ^{31}iᴇ^{35}k^{h}uæ^{35}pɑŋ^{53}]

民国年间当地出现的一种表演艺术，是半乞半艺的民间艺人的一种谋生手段。说唱者手拿竹片或瓮器碎片，碰击发出“叭叭叭”的响声，以当地方言押韵，随口说出五字或七字押韵的吉庆词语，以博得听众欢心，获得施舍。抗日战争到解放战争时期，为适应宣传的需要，这种方言快板得到进一步发展，民间艺人开始在街头表演，有的甚至开始在舞台上表演，出现了一批如《打岳壁》《打黎基》《摸普洞》等的优秀段子。

莲花落 [liᴇ^{13}xuɑ^{13}lʌʔ^{31}]

又称“莲花朵”[liᴇ^{13}xuɑ^{13}tuei^{31}]，原属一种乞丐艺术。表演者为一人，即唱即说，演唱者左右手各执两块小竹板，上下碰击发声，即兴伴奏。本地莲花落曲调简易，行腔自如，语调为当地平遥方言。唱词多为顺口溜，不大讲究合辙押韵。经典段子有《塌戏院》等。

玖·宗教信仰

图9－1 双林寺的自在观音

平遥人的宗教信仰，体现出多元化和实用性的特点。从历史上留下诸多的寺、庙、观、堂及记载来看，儒、道、佛、天主教、基督教等在此均有一席之位。平遥人求子求福、求财求免灾等，还是多寄托于传统俗神，如见于双林寺的送子娘娘，土地庙中的土地爷，财神庙中的财神爷，院落入口处的土地爷、门神爷，粘贴在居室的保佑子孙平安的张弓爷，“上天言好事”的灶君爷，添仓日祭拜的仓官爷等。俗神无处不在，守护着人们的精神和心灵。

一　人神崇拜

孔圣人 [kʰuŋ^{53}ʂəŋ^{35}ʐəŋ^{53}]

对孔子的尊称，又称“夫子爷”[xu^{13}tsʅ^{53}iᴇ^{31}]。旧时读书人家都供奉有孔子牌位或画像，读书人经常上香跪拜。即使不读书的农夫和妇孺，也懂得孔圣人的神圣地位，绝不会对孔圣人有丝毫的不敬，甚至连书籍或写有字迹的纸张都不敢随便撕毁或当手纸用。在书香门第，小孩子第一次开始读书时，要在家长或老师的指导下，对着孔子的画像或牌位烧香、磕头，标志着从今以后要开始读圣贤书了。

文庙 [uŋ^{13}miɔ^{35}]

即“孔庙”[kʰuŋ^{53}miɔ^{35}]。平遥有两座文庙，分别在城内和金庄村，供奉着人人敬仰崇拜的“文圣”[uŋ^{31}ʂeŋ^{35}]孔子。平遥城内的文庙位于古城的东南角，以南大街为轴线，与武庙形成“左文右武”的对称布局，且南临文昌庙，仰望云路、文昌阁与魁星楼，形成了传统文化的文系建筑群，在古城布局中居于很重要的位置。文庙内有并列的三组建筑，左“东学”，右“西学”，中为文庙。“学”即指过去的“学宫”。平遥文庙是典型的庙、学合一类型。尊经阁、超山书院（现为“中国科举展”展厅）、明伦堂、东配殿时习斋、西配殿日新斋、大成殿、大成门、龙门、泮池、棂星门[liŋ^{13}ɕiŋ^{13}məŋ^{35}]等一应俱全，集祭孔与教育为一体，总体布局体现了我国元明以来科举制度下文庙建筑的特有规制。其中大成殿重建于金大定三年（1163），为我国现存文庙建筑中罕见的早期建筑。平遥向来有祭孔的礼俗，清光绪八年《平遥县志》曰：“崇儒重道，圣教覃敷，每当春秋上丁，祭豆告虔，盖其仪文备至，典礼特隆。”即每年二月和八月上旬的丁日都要进行祭孔仪式，此俗一直沿袭到上世纪 40 年代。同时，平遥文庙在历史上为当地振兴教育、培育人才发挥了极大的作用，直至今日，还是平遥乃至汉民族传统文化的精神家园。

图9－2 棂星门

图9－3 大成殿和泮池

图9－4 龙门

云路 [yŋ¹³ləu³⁵]

文庙大成殿前中轴线上的路，一直通往城墙。城墙上原建有“云路争先坊”（现重修后改称为“大道云成”），在太和门（上东门）旁。据说旧时平遥人若中状元后回来，要从太和门回到平遥城，到孔庙去拜见孔子，必从此路经过，大致路线为：进上东门——上城墙——往魁星楼、文昌阁拜神——穿过云路——到达文庙大成殿祭拜孔子——状元打“魁”。在平遥文庙大成殿后墙外面正中，写着一个很大的“魁”字，据说这是清乾隆三十八年（1773）修葺文庙时临摹了宋代文天祥的墨宝于壁上，以激励学宫中的生员苦读考取功名，若有状元及第者回乡拜孔，可手除此字，并刻碑记载，称之为“状元夺魁”。（现魁字完好无损，说明平遥历史上没有出过状元）

图9－5 大成殿后墙的“魁”字

关帝庙 [kuɑŋ^{13}ti^{31}miɔ^{35}]

祭祀关羽的庙。关羽是三国时期蜀国的大将，人们尊称为关公、“关圣”[kuɑŋ^{13} ʂeŋ^{13}]、“关老爷”[kuɑŋ^{31}lɔ^{53}iE^{31}]。在平遥，关公与孔子并驾齐驱，孔子为“文圣”[uŋ^{13} ʂeŋ^{35}]，关公为“武圣”[u^{53}ʂeŋ^{35}]。平遥城内东有文庙，西有武庙，两庙遥相呼应。武庙供奉的就是关羽。农历五月十三日为关羽诞辰日，当地定为武庙会日，每年这天多下小雨，传说是关羽在蘸水磨刀。在当地人心目中，关公具有司命禄、佑科举、治病除灾、驱邪避恶、巡察冥司、招财进宝以及保护商贾等职能，妇孺长幼皆顶礼膜拜。全县“凡有村庄，必有关帝庙”。

图9－6 西游驾村关帝庙

二　教派信仰

佛教 [xuʌʔ^{53}tɕiɔ^{35}]

北魏时期，佛教传入本县，始有佛事活动。境内双林寺、镇国寺、吉祥寺、超山百福寺、慈相寺、白云寺、清凉寺等，均为历代佛教设坛受戒场所。1934 年全县有佛教寺庙 202 处，信徒 160 人。上世纪 50 年代初，有城内太子寺、辛村七佛庵、梁家滩白云寺、偏城村罗庄寺、北羌村弥陀庵、南门外南神庙等。1996 年底，白云寺有僧人 4 名，南神庙有尼姑 3 名，全县有注册的佛教徒 356 名。

双林寺 [suə^{13}liŋ^{31}sɿ^{35}]

双林寺是国家重点保护文物，是世界遗产平遥古城的一个组成部分。双林寺位于县城西南 6 公里的桥头村，原名“中都寺”，因其地本为中都故城所在而得名。创建年代不明，但寺中现存最古之碑为北宋大中祥符四年（1011）“姑姑之碑”，上有“重修寺于武平二年”的记载。武平乃北齐年号，武平二年即 571 年。各代曾大规模地重建或重修过，故现存庙宇大都为明代和清代所建。双林寺坐北朝南，庙群占地面积约为一万五千平方米，内分东西两大部分。西部为庙院，沿中轴线坐落着三进院落，由十座殿堂组成。前院为释迦殿、罗汉殿、武圣殿、土地殿、阎罗殿和天王殿；中院为大雄宝殿和两厢的千佛殿、菩萨殿；后院为娘娘殿和贞义祠。东部为禅院、经房等。明代于寺庙外围建一周高大的夯土包围墙，上置箭垛，外观颇似一座小城堡。双林寺的彩绘塑像被誉为“世界珍宝”。

双林寺观音殿中有供养人（以捐资等形式弘扬教义的虔诚信徒）牛普林、冯妙喜二人的等身像，是纠首（村镇的管事人或某公益事业的管理人）、住持僧人出资建造的，成为平遥佛教历史文化的一大特色。直至今日，双林寺香火依旧很盛。

图9－7 双林寺天王殿“四大金刚”

图9－8 双林寺殿内佛像

图9－9 镇国寺天王殿

图9－10 镇国寺万佛殿

图9－11 万佛殿塑像

镇国寺 [tʂəŋ^{13}kuʌʔ^{31}sʅ^{35}]

镇国寺属全国重点保护文物，也是世界文化遗产平遥古城的构成部分。该寺位于县城北郝洞村，距离县城 15 公里。大殿始建于北汉天会七年（963），清嘉庆二十一年（1816）重修。镇国寺原名京城寺，明嘉靖年间改名为镇国寺。寺分前后两个院落，前院建山门、天王殿和左右钟鼓二楼，正中为大殿三间，亦称万佛殿，后院东为观音殿，西为地藏殿，各为五间，中建三佛殿。其中万佛殿造型独特，庞大的七辅作斗拱，总高超过了柱高的三分之二，使殿顶形如伞状，在历代寺庙建筑中颇为罕见。此殿结构奇特，是国内唯一现存的五代木构建筑。另外，万佛殿内中央为佛坛，共有十一尊塑像。这些塑像面目丰满，身躯高大健壮，躯干微曲，塑造手法近似唐塑风格，具有五代塑像的风韵。寺内有珍贵的壁画、彩塑和碑碣，至今游人络绎，香火很旺。

清虚观 [tɕ^{h}iŋ^{13}ɕy^{13}kuɑŋ^{35}]

城内东大街上的清虚观是道教活动的主要场所。清虚观（原名太平观）创建于唐显庆二年（657）。宋治平元年（1064）钦赐牒文，改太平观为清虚观。元初改名太平兴国观，后又易名太平崇圣宫，由清和真人住持。相传清康熙年间，有一道人在清虚观柱间留下“一心二人仁”五字后刹那间不见踪影，字迹刀刮不去。清虚观山门匾额曰“清虚仙迹”，为乾隆三十六年（1771）知县蔡良茂所书，是平遥十二景之一。

民间许多节日习俗，如正月初八祭星、正月初十祭鼠、正月二十和二十五添仓节、腊月二十三供献粞瓜等，仍带有浓厚的道教色彩。

图9－12 清虚观正门

图9－13 清虚仙迹

城隍爷 [tʂ^{h}əŋ^{13}xuə^{13}iᴇ^{13}]/**城隍庙** [tʂ^{h}əŋ^{13}xuə^{13}miɔ^{35}]

当地人以城隍为县里的主宰神（洪武三年以前是守护城墙和隍池的神），城指城墙，隍指护城的濠沟，有了城池，于是有了保护城池之神——城隍爷。城隍爷专管阴间县城，统领判官小鬼，处理阴间事务。本县城隍庙与县衙左右对应，农历五月十一日至六月十一日，有为期一月的城隍庙会。

图9－14 城隍庙抱厦厅、献殿、月台

图9－15 城隍庙寝宫殿、生死簿

高真庙 [kɔ^{13}tsəŋ^{13}miɔ^{35}]

位于亲翰门（下东门）南 120 米处，有点将台，与城墙连为一体，相传为西周宣王命尹吉甫北伐玁狁时所筑。点将台平面呈凸字形，周长 180 米，通高 12 米。

图9－16 高真庙

高真庙在尹吉甫点将台上，从东城墙根的点将台南侧拾级而上，进砖砌拱券门洞即临近庙门。因其位居高处，是道教全真派的一处祀神之所，故名高真庙，简称高庙。该庙创建于元代仁宗皇庆元年（1312），经明清两代重修，成为两进院。全真派主张道、佛、儒三教合一。高真庙正殿供老子、释迦牟尼、孔子，谓之“三教主”，而平遥民间习称“三教子”。

图9－17 天主堂正面

图9－18 天主堂细节

天主堂 [tʰiᴇ^{13}tsɥ^{53}tʰɑŋ^{35}]

位于平遥城内城隍庙街东段路南，砖木结构，外观为典型的罗马后期建筑式样，朝向西方。上建钟楼，堂内正面设祭坛。1780 年本县人侯存智在北京经商时加入了天主教。1782 年侯回平遥展开天主教活动。1885 年筹资购买了安家街一所楼院作为活动场所。1910 年在城内安家街修建了天主堂。1931 年全县有天主教徒 722 人。1988 年，全县有天主教徒 648 人。至 1996 年底，教徒有 1356 人。

西关教堂 [sei^{13}kuɑŋ^{13}tɕiɔ^{35}tʰɑŋ^{31}]

位于城内西巷路西，坐北向南。鸦片战争后，大批传教士深入中国内地传教。1888 年英国人索行仁到平遥，在城内鹦哥巷设堂传教，随后在西关购买土地 20 余亩，修建基督堂，有教徒 130 余人。1901 年美国人柏秀荣主持平遥教务，并利用“庚子赔款”在城内西巷购置三进大院一所并修补、扩建西关教堂。据《 山西历代人口统计 》记载，1924 年本县有英国籍传教士 9 人，1931 年有教徒 689 名。1945 年日军投降后，美籍牧师麦熙畴重返平遥，收回城内西关教堂，恢复了教务活动，直至平遥解放。改革开放以后，基督教堂在原址整修。

三 天神信仰

天地爷 [t^{h}iᴇ^{31}ti^{35}iᴇ^{13}]

天地爷是至高无上的神，是日月星辰、山川河流、风雨雷电自然神的综合。当地人几乎家家信仰天地爷。旧时每逢过年，家家在院中央供天地爷牌位或张贴天地爷神画，牌位称“天地三界十方万灵真宰”。有的天地神画两边写有“天高悬日月，地厚载山河”的对联，横批“天地神位”。牌位或神画下面置供桌，设香炉，焚香摆供而祀。每当举行婚礼时，首项仪式就是新郎新娘合拜天地。此俗一直延续至今。

土地爷 [t^{h}u^{51}ti^{35}iᴇ^{13}]/**门神爷** [məŋ^{13}ʂəŋ^{13}iᴇ^{13}]

土地爷是古代神话中管理山川郊社之神，也是受当地群众爱戴而家家供奉的神。旧时建筑院门时，在门两旁墙上设置土地爷和门神爷神坛，有的在大门对面墙壁上设土地爷神坛。逢年过节，燃烛、烧香，设供祭祀。民间修建房屋，必先祭祀土地神，方可破土动工。工毕要制作五供五菜祭谢土地神。旧时大谢土地神者，还要杀猪宰羊。本地许多佛寺中也设有土地殿，供人祭祀。

图9－19 土地堂

图9－20 门神祠

福神 [xuʌʔ^{13}ʂəŋ^{13}]

福神源于福星，即木星。方士们又称之为岁星，说岁星高照，能降福于人。当地人最愿意将福神悬挂于家中。福神身着一品朝服，龙绣玉带，手执如意，怀抱子孙，或儿孙环绕，一派天伦之乐，寓意子孙众多，家运绵长。

禄星 [luʌʔ^{13}ɕiŋ^{13}]

禄，指官职禄位。功名利禄历来为当地人所追求。禄神在当地深受群众信奉。《史记·天官书》中说“文昌宫……六日司禄”，文昌宫第六星为掌控官职的禄星。俗话说：“三年清知府，十万雪花银。”所以“加官进禄”“官上加官”“马上封侯”等题材的年画在当地深受群众喜爱。在许多民居的影壁、屏风、中堂上，多画有寿星、鹿和蝙蝠，以鹿代表禄，以蝠代表福，表达人们的美好愿望。

寿星[ʂəu^{35}ɕiŋ^{31}]

也叫南极仙翁。原指角、亢二宿，是二十八宿中的头二宿。在当地，老寿星历来最受人们崇奉。一位慈眉善目，笑容满面，拄着龙头拐杖的大额头老人，或挂于中堂等显赫位置，或显身于寿品礼品盒上。这位慈祥的长者，是吉祥长寿的象征。人们常把寿星和福禄二星合在一起，合称福禄寿三星。“三星在户”是当地人对美好生活的理想寄托。对那些高寿的老人，常敬称为“老寿星”“寿星老儿”。老年人都企盼做个“老寿星”。

图9－21 福禄寿三星漆画

四　俗神信仰

图9－22 财神爷年画

财神爷 [ts^{h}æ^{13}ʂəŋ^{13}iᴇ^{13}]

希望财神爷保佑发财是当地人的普遍心理。“恭喜发财”成为人们的日常用语。除夕之夜，当地有“迎财神”的民俗活动，人们彻夜不眠，等着“迎财神”。旧时，小贩们手捧财神像挨门叫卖：“送财神爷来咯！”主人决不能说“不要”二字，而是非常客气地说：“劳驾您，快接进来！”于是小贩说：“财神爷到家，越过越发！”然后接过钱高兴地走了。上世纪80年代后，“接财神”形式变为：深夜子时刚到，电视节目中新年钟声一敲响，人们就到院内燃放鞭炮，并将财神年画张贴到墙上。财神有文武之分，文官是比干和范蠡，武将为赵公明。其中赵公明更为群众所喜爱，被尊称为赵公元帅。民间所供奉的赵公明像，顶盔披甲，身穿战袍，形象威武，周围画有聚宝盆、大元宝、珊瑚珍珠等，以示大量招财进宝之意。

图9－23 财神庙

图9－24 秦琼：双锏打成唐天下

图9－25 尉迟恭：单鞭造就李乾坤

门神 [mən¹³ʂən¹³]

门神历史悠久，流传广泛，种类繁多。旧时，民间最信仰的是秦琼和尉迟恭，形象为古代武将打扮，一左一右贴在门上，可以驱鬼辟邪，保护家庭平安。新中国成立后，门神画像逐渐改变旧时模样，成为一种审美性很强、深受群众喜爱的门画。

钟馗 [tsuŋ¹³kʰuei¹³]

钟馗也是作为门神来崇拜的。《钟馗捉鬼图》盛兴民间，钟馗身穿蓝衫，鞾一足，眇一目，蓬头散发，左手捉鬼，右手抉鬼目。其画像常被当地人贴在门上，以保护宅院平安，不受鬼魂骚扰。家中如有小儿夜哭，疑为鬼邪所致，也画一张《钟馗捉鬼图》贴于墙上，自谓小儿可以安稳。

图9－26 钟馗塑像（清虚观内）

图9－27 钟馗殿（清虚观内）

图9－28 居民家中设龛粘贴张弓爷画像

图9－29 张弓爷画像（年画）

张弓爷 [tsaŋ^{31}kuŋ^{35}iᴇ^{31}]

民间也叫张公爷、张仙爷，是五代后蜀皇帝孟昶。旧时，家家要张贴张弓爷的画像，张公爷穿一身华丽的衣服，面如敷粉，唇若涂朱，五绺长髯飘洒胸前，左手张弓，右手持弹，作仰面直射状。画面右上角还画有一天狗。此画像常贴于烟囱旁，民间传说，天狗会顺烟囱钻进屋内，吓唬孩子，传染天花，贴上张弓爷画像，就会守住烟囱，射死天狗。画像两边贴一副对联，上书“打出天狗去，保护膝下儿”或“弹打云中犬，永葆寿长儿”，横批是“子孙绳绳”或“佑我赤子”等。

姜太公 [tɕiaŋ^{31}t^{h}æ^{35}kuŋ^{13}]

姜太公即商周时代的姜子牙。受《封神演义》影响，人们称其为封神之神。姜子牙封诸神后，却没有留下自己的位子，只好爬到房上，站在墙上。邑上尊其为镇宅辟邪之神，每修建宅院或修缮房屋时，要写“姜太公在此，诸神退位”的牌位，并置供品奉祀。

图9－30 奉供药王爷神位

药王爷 [yʌʔ^{53}uə^{13}iᴇ^{13}]

药王庙祭祀药王邳彤等人。当地人将医药的发明者和名医名师视若神明，并在县城北门外建起药王庙祭祀药王。汉代的邳彤精通医理，倡导扶植民间医药行业，被奉为药王。药王庙内除塑有邳彤像外，还供有华佗、孙林、张子和、张介宾、刘河间、扁鹊、张仲景、孙思邈、徐文伯、皇甫士安十大名医像。民间家中多有“奉供药王老爷之神位”。

仓官爷 [tɕʰyə^{35}kuɑŋ^{13}iᴇ^{31}]

仓官即管理仓库的官，仓官爷自然是可以给农业带来丰收，让人们粮食满囤的神灵。人们祭拜仓官爷一般在正月二十“小添仓”日和正月二十五“老添仓”日，蒸制元宝和口袋，贴仓官爷画像，并烧香磕头。人们相信只要认真祭拜仓官爷，就能够给自家带来元宝和粮食。

图9－31 仓官爷年画

家神爷 [tɕia^{31}ʂəŋ^{53}iᴇ^{31}]

平遥人家家都祭拜的神灵。明清时期，在宋明理学三教合一理念的倡导下，平遥人期望得到各路神灵的一致保佑，出现了众神合一的“家神爷”形象，犹如一张各教派的全家福，用套色木版印制，上下五排横坐排列着道教、佛教、俗神、皇帝、儒教等各路神仙偶像，悬挂在正房中堂，逢年过节烧香磕头祭拜。从中可以看出，平遥百姓对俗神的信仰不排斥任何宗教，但任何宗教都代替不了俗神信仰。

图9－32 家神爷年画

喜神 [ɕi^{53}ʂəŋ^{13}]

喜神是一位无形的、也无固定方位的神，当地人用天干地支、五行生克原理推测其所在方位。当地有句谚语是“财神喜神福禄神，要想兴旺不值什（用不了多长时间）”。每逢举行新婚仪式，讲究新娘开脸、梳妆、上下轿以至洞房入座时，都要面对喜神，就会一辈子喜气洋洋。

灶家爷 [tsɔ^{35}tɕia^{53}iᴇ^{31}]

当地人又称为灶神、灶王爷。传说是玉皇大帝派到人间察看人们善恶的神，其职权是掌管人间饮食。灶君爷平时记载着一家一户的行为，每年向玉皇大帝作一次汇报。《敬灶全书》说，灶王“受一家香火，保一家康泰，察一家善恶，奏一家功过”。被告发者，大错减寿三百天，小错折寿一百天。人们只好在上供时想点招术，每年腊月二十三祭灶时，要供上许多粞糖瓜，又甜又黏，用以糊住灶君的嘴，上天汇报时少说坏话。其画像两旁常贴一副对联：“上天言好事，下界降吉祥”。

图9－33 灶家爷灶王奶奶年画

图9－34 奉供灶王爷神位

图9－35 灶君府

送子娘娘 [suŋ^{35}tsɿ^{31}ȵyə^{13}ȵyə^{13}]

生儿育女是人生之大事。平遥人将求子愿望寄托于送子娘娘。双林寺内的娘娘殿以及其他村庄的娘娘庙里，香火不断，人群络绎不绝，有祈求生子女的，有上供还愿的。殿内送子娘娘怀抱婴儿，面带微笑，衣着华丽，头饰宝冠，坐在龙椅上，默默地享受人间的香火供奉。一般求子者会偷上一个“馍馍”揣在怀里回家吃，有的还“请”一个可爱的泥娃娃带回家，在泥娃娃前布灯三日，祈求如愿得子。等怀上孩子及孩子出生后，还会去娘娘殿还愿。

图9－36 正尊娘娘

图9－37 东尊娘娘和乳娘

图9－38 供养人

图9－39 泥娃娃（求子用）

图9－40 双林寺的地藏殿阎王爷

图9－41 龙王庙

阎王爷 [iᴇ^{13}uə^{13}iᴇ^{13}]

阎王是阴间的最高统治者，掌管着人们的“生死簿”。人们认为死后要进入阴曹地府，故对阎王爷有一种敬畏之情。桥头村双林寺内设阎王殿，供人祭祀。在城隍庙有阎王殿，名“六曹府”。

龙王爷 [luŋ^{13}uə^{13}iᴇ^{13}]

境内城乡遍设龙王庙。即使几十人的小村庄，也要置一神龛，设一神位，虔诚供奉，以祈求一年风调雨顺，五谷丰登。旧时，每逢久旱，人们便成群结队进庙祈雨。祈雨活动有上供猪羊、唱戏、跪庙等。

马王爷 [mɑ^{53}uɑŋ^{35}iᴇ^{53}]

城内设有马王庙。旧时，马为运输、作战、行旅等农业生产劳动、军事活动和日常生活中不可缺少的重要畜力，素有“马通人心”之说。马王爷掌管牲畜的生死病殁，当地自古多有敬仰、供奉马王者。

古槐 [ku^{53}xuæ^{13}]

当地对千年古槐有敬为神灵之习俗，不敢随意损害。历代均有在古槐树下供奉和问病求药者，此俗至今仍存。1995 年，城隍庙内一株大槐树流出粉红色汁液，有人当作神药，一时大槐树上披满红布，求滴“药液”者络绎不绝。现在在双林寺有被栅栏保护的古槐，挂满祈福红纸条；西游驾村当道中有古槐，也受到保护和供奉。

图9－42 双林寺古槐

图9－43 西游驾村古槐

五　祖先奉祀

宗族、家庭历来是人们的根脉所在。族谱、家谱（家乘）是历史的传承。家谱形式多样，有以图表裱制垂挂于中堂（俗称神祖图），也有装订成册供翻看的。旧时春节悬挂神祖图祭祖。族中有人去世，则记入神祖图。宗族设有宗祠（祠堂），备有祭器，每年定时祭祀。清末民初，城内上西门街有冀家祠堂，花园街有梁家祠堂，东家巷有米家祠堂，赵家巷有赵家祠堂……祭祖时要搭台唱戏，全族人聚会共餐。上世纪 90 年代后，宗族观念有所兴起，盘根问祖，续家谱，时有出现。据前些年统计，平遥万人以上的姓氏有 11 个，即王、张、李、赵、刘、梁、郭、郝、雷、侯、阎。

祠堂 [tsɿ^{13}t^{h}aŋ^{13}]

过去很多大户人家都有祠堂，但现在多已消失，近年来有一些家族重建了祠堂并恢复了奉祀，如耿氏宗祠。平遥耿氏自明洪武七年（1374）从陕西韩城县雷华镇迁居于此，至今六百余年。自三世祖开始，分为五支，各支记谱。在耿氏祠堂，可以见到刻于“清乾隆五十二年岁次丁未戊申月下浣之吉”的耿氏新建祠堂碑记，保存完好，字迹清晰。祠堂里的祖谱记录了自乾隆五十二年（1787）建立祠堂以来十四世的所有先祖名单。

图9－44 耿氏宗祠

图9－45 耿氏宗祠门楼

图9－46 耿氏祠堂乾隆五十二年碑

图9－48 重修耿氏祠堂碑

图9－47 耿氏十四世先祖名单

图9－49 阎氏宗谱

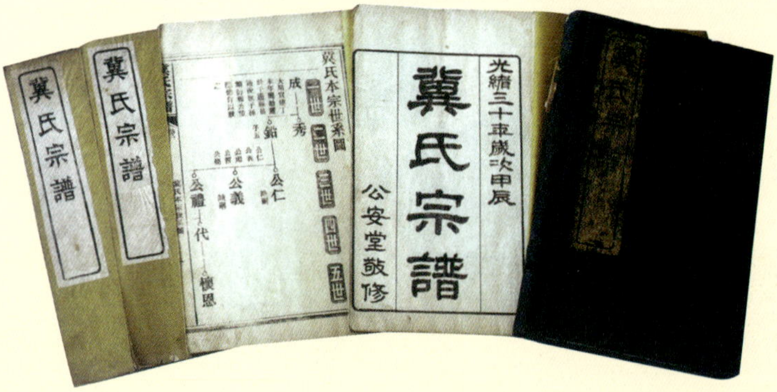

图9－50 冀氏宗谱

家谱 [tɕiɑ^{55}p^{h}u^{31}]

平遥过去很多大家庭都有家谱，也有族谱和宗谱。比如在 1999 年版《平遥县志》中对阎氏宗谱和冀氏宗谱均有记载，并有图片。（图 9–49、9–50 引自 1999 年版《平遥县志》）

神子 [ʂəŋ^{13}tsʌʔ^{13}]

指家族门户列有祖先名字和画像的画。平遥一般家族都有神子，大的宗族的神子称作老神子，祭拜时要去本家保存老神子的地方；小的家庭没有神子，就在家里摆放近几代的先祖牌位，在过节时祭拜。如图 9–51 程家神子所示家谱，此神子题名“德遗堂”，牌位上人名均清晰可见。神子上列有建祠堂以来十四世所有先祖的名单。

图9－51 程家神子“德遗堂”

图9－52 程家神子“德遗堂”上部

图9－53 程家神子“德遗堂”中部

〔平遥方言音系〕

一　声母

平遥方言包括零声母在内有二十六个声母。例字下加单线表示白话音。

p 饱病八盆	p^h 配盘怕	m 门木米		
t 店刀读甜	t^h 偷土逃	n 脑怒内	l 路懒辣	
ts 支在捉慈	ts^h 采楚出	nz 暖腻女	s 松嫂时杀	z 如润入
tʂ 照职张迟	tʂ^h 池陈尺	ɳ 扭碾镊~子	ʂ 手闪十寿	ʐ 染惹日
tɕ 加酒剧拳	tɕ^h 轻抢去	ȵ 牛年捏	ɕ 笑宣陷	
k 古官格柜	k^h 靠肯哭	ŋ 藕安鹅	x 厚黄飞	
ø 耳衣闻玉				

二　韵母

平遥方言除儿化韵之外有三十五个韵母。

ɑ 爬马他	iɑ 架佳牙	uɑ 抓话瓦	yɑ 唠
ʅᴇ 遮扯蛇	iᴇ 写田渐		yᴇ 靴泉
	uə 左祸黄		yə 墙 像 羊
æ 败开梅		uæ坏拐罪	

ɔ 桃哥跑	iɔ 条巧妖		
ʅ 知致治	i 米弟明	u 富图枯	y 举去兄
ɿ 紫次师		ʮ 住如锄	
ər 儿而二			
ei 坡美妻		uei 追唾吕	
əu 头沟路	iəu 流秋秀		
aŋ 邦山占	iaŋ 颜江碱	uaŋ 广船范	
əŋ 能臻深	iŋ 林请进	uŋ 同滚顺	yŋ 云荣穷
ʌʔ 合八木	iʌʔ 跌结墨	uʌʔ 法术屋	yʌʔ 血局角

三 声调

平遥方言有五个单字调。平声字单字调不分阴阳平，作为两字组的前字，在多数情况下可以分阴阳平。带喉塞音[ʔ]的字调都是短调。

调类	例字	调值
平声	刀汤皮盆	13
上声	小打雨纸	53
去声	四看舅丈	35
阴入	不发踢曲	ʔ23（短调，为调号醒目起见，记作ʔ53）
阳入	毒熟入烈	ʔ54（短调，为调号醒目起见，记作ʔ53）

连读变调有十一个。

13	53	35
ʔ23（记作ʔ13）	ʔ54ʔ（记作ʔ53）	31
ʔ32（记作ʔ31）	ʔ45（记作ʔ35）	ʔ54（记作ʔ53）
423（记作 513）	ʔ423（记作ʔ513）	

〔参考文献〕

[1]（明）杨宗气，周斯盛．山西通志．刻本．1563（明嘉靖四十二年）．

[2] 平遥县志．1707（清康熙四十六年）．

[3] 平遥县志．1882（清光绪八年）．

[4]（后晋）刘昫，等．旧唐书．北京：中华书局，1975．

[5] 侯精一．平遥方言简志．语文研究，1982（增刊）．

[6] 侯精一．平遥方言民俗语汇．北京：语文出版社，1995．

[7]（明）李侃，胡谧．山西通志．北京：中华书局，1998．

[8] 侯精一，乔全生，陈丽．现代汉语方言音库：平遥话音档．上海:上海教育出版社，1999．

[9] 侯精一．平遥方言的连读变调// 侯精一．现代晋语的研究．北京：商务印书馆，1999．

[10] 侯精一．平遥方言三字组的连读变调// 侯精一．现代晋语的研究．北京：商务印书馆，1999．

[11] 侯精一．平遥方言广用式三字组的连读变调// 侯精一．现代晋语的研究．北京：商务印书馆，1999．

[12] 平遥县地方志编纂委员会．平遥县志．北京：中华书局，1999．

[13]（清）雅德，汪本直．山西志辑要．北京：中华书局，2000．

[14] 晋中市史志研究院．平遥古城志．北京：中华书局，2002．

[15] 董培良，董剑云．平遥古城文化史韵．太原：山西经济出版社，2004．
[16] 李定武．文化平遥．太原：山西古籍出版社，2007．
[17]（清）觉罗石麟，储大文．山西通志．北京：中华书局，2008．
[18] 李菲忠．平遥名片．太原：三晋出版社，2010．

〔索 引〕

一 词条索引

二　图片索引

引言

壹　房舍建筑

贰 日常用具

叁　服饰穿戴

肆　饮食起居

伍　农工百艺

陆　婚育丧葬

柒 岁时节令

捌　游戏娱乐

玖　宗教信仰

〔后记〕

《平遥方言民俗图典》终于完稿，即将呈现于读者面前，笔者的心情是几分喜悦与多重的惶恐、不安。平遥方言文化历史沉淀厚重，内容丰富多彩。精选条目，并配以合适的文字和图片，殊非易事。在主编的精心指导下，本书终于如期完成。

侯精一先生热心扶持后学，多方指教。先生所著《平遥方言民俗语汇》为笔者的案头必备参考书。本书引言中的“方言”部分即取自先生早年写的《平遥方言简志》。

本书的民俗顾问原平遥县政协副主席董培良先生、原平遥县文物管理所书记兼副所长赵昌本先生热心指导解惑并审阅初稿。

编著者分工如下。冯良珍：引言、第一章房舍建筑、第五章农工百艺（商业）、第六章婚育丧葬、第七章岁时节令、第九章宗教信仰。白静茹：第二章日常用具、第三章服饰穿戴、第五章农工百艺（农事农具、手工艺）。侯立睿：第四章饮食起居、第八章游戏娱乐。温振兴参与了第五章农工百艺（商业）、第七章岁时节令的前期调查与整理工作。麻林森摄影300余幅，侯健能摄影100余幅，含诸多难得的照片。各位编著者、多位好友、研究生亦均有拍摄的照片被选用。

感谢平遥县委宣传部为我们介绍民俗专家、提供资料、创造调查条件。特别要对刘国宏部长、文联赵永平主席给予的支持深表谢意。

山西大学的研究生陈晨、张晓晓、赵雪伶、骆牛牛参加了调查与部分初稿整理工作。梁燕参与了一校样的校对工作。

书中疏漏、失误之处，敬请批评指正。

冯良珍

2014 年 12 月于山西大学语言所

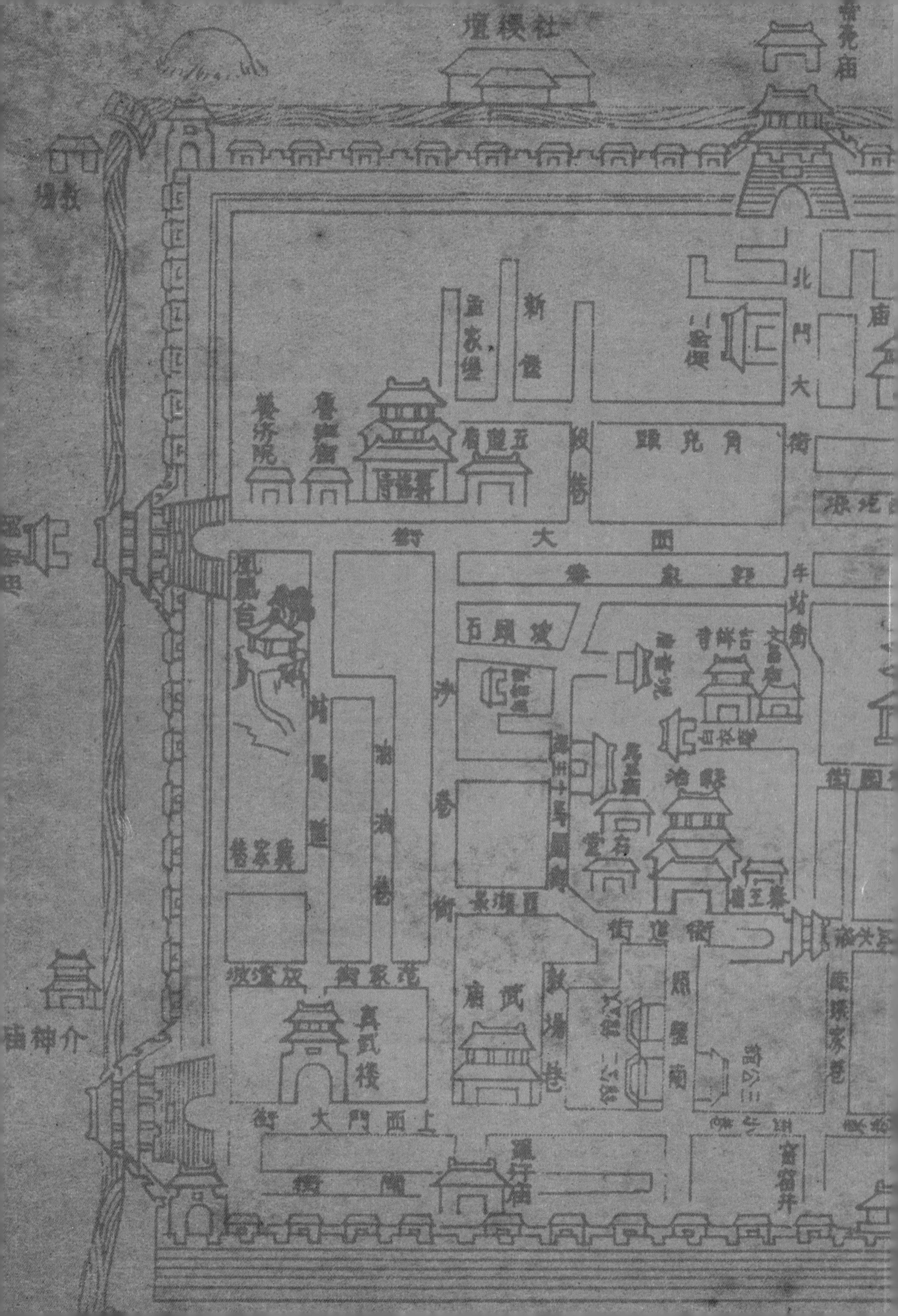

社稷壇
北門大街
西大街
上西門大街
介神廟
真武楼
武廟